文協

一百點

國立臺灣文學館——策劃

臺灣真有力

地景指南

文協的地景　臺灣的養分

　　100 年前的 10 月 17 日，來自臺灣各地的知識分子、仕紳階層以及工農代表，聚集在臺北市靜修女子學校，成立極為重要的文化團體「臺灣文化協會」。置身在日治殖民政權底下，文協創會章程宣示「以助長臺灣文化為目的」，這是一個邁向現代文明啟蒙的承諾，其實沒有期限，一直陪伴臺灣好幾個世代，直到今日仍深刻影響著我們。

　　文協的成立到解散，雖然在歷史上只有短短的十年左右，但文協成員希望臺灣人都能接受文明、平等、自由，這種精神，很具體在臺灣各地實踐，也持續延伸到 1930 年代臺灣文藝聯盟。一百年前的成立大會，成員來自臺灣的五州，也就是臺北、新竹、臺中、臺南、高雄五大行政區，成立大會之後，他們開始創辦報刊、廣設讀報社、巡迴舉辦演講會、推動文化劇、夏季學校、組織美臺團放電影。

　　文協的足跡，就散布在臺灣各地。文化部因此期望國人在臺灣各地都能透過地景、知道文化人為臺灣所做的努力。國立臺灣文學館出版的《文協一百點：臺灣真有力地景指南》，正是在這個期望下誕生的作品。藉由 100 個還留著痕跡的地景，象徵文協百年的成果，當代和歷史也因而連繫起來。文化部各附屬博物館，都精心籌備多項慶祝活動、特展、論壇、音樂會、電影節等等，努力拉起連繫記憶的絲線。

文協的地景，可能就在你的周遭、騎個 U-Bike 就可抵達；也可能遠在偏遠小鎮，但依然值得造訪。你可以想像手中捧著這本書，輕裝就可出門，進入書裡的故事按圖索驥找到一百點，並且發現每個地景都像時空膠囊，豐富的人事時地物都能封存，也等待有緣的你去解碼、去探索，在臺北文化書局、臺中中央書局這些著名的場景，看到與歷史重逢的喜悅。

　　即使百年前人物幾乎都已不在，但我們相信，文協人的精神化為無形遺產留在各個地點。文協是臺灣第一次的文化自覺，期待臺灣不斷迎向每一次新的文化自覺，不斷創造文化的新高峰。

文化部長　李永得

目 次 | C o n t e n t s

桃竹苗篇

目　次 | Contents

臺中篇

目　次 ｜ Contents

高雄屏東篇

宜花東篇

不止是百年的追求，而是永恆的堅持

文／陳文松（國立成功大學歷史學系系主任）

　　今年適逢臺灣文化協會（簡稱文協）成立屆滿一百週年。歷經日本殖民統治四分之一世紀，這個寄託提升臺灣文化，改善臺灣人民政治待遇祈願的民間組織，終於在 1921 年 10 月 17 日的臺北靜修高等女學校內宣布成立。參與的成員除了臺灣新、舊知識階層，更得到日本本土少數代議士和學者的聲援。他們非常同情臺灣人長期處在臺灣總督府的專制與獨裁統治，從而摒棄地域之別一同贊聲。

　　就如同 1969 年尼爾·阿姆斯壯成功登月時，對全人類說的那句話：「我的一小步，卻是人類的一大步。」百年前臺灣文化協會選擇在島都臺北，也就是臺灣總督的腳下，大剌剌的熱鬧成立卻未遭受解散，一方面是主導發起的核心人物林獻堂、蔣渭水、蔡培火等人四方奔走，降低殖民當局在高度警戒下的敵意；另一方面則是呼應 1919 年第一次世界大戰結束後，為重整世界秩序，尤其美國威爾遜總統在巴黎和會上所發表的鼓勵殖民地獨立，支持民族自決的宣言，讓同為戰勝國的大日本帝國也不得不調整殖民統治方針。原本 1895 年貫徹武力統治的基調，轉而成為文教統治，臺灣總督一職更從軍人武官轉由文官出任。直到 1936 年，備役軍人再度出任總督為止，由於島內外局勢的巨變，這 17 年成為臺灣文化啟蒙運動、政治社會運動、階級運動和勞工、婦女運動等，思想最為活躍和臺灣人意識最為凝聚的年代。

臺灣文化協會一成立，就透過各種管道來推動臺灣文化的啟蒙。各式各樣的社會教育團體也紛紛響應協會的宗旨，於各地紛紛設立。同時，日本內地創辦的臺灣人媒體也逐漸移轉到臺灣島內發行，正是為了掌握臺灣本島的社會脈動，大篇幅報導島內各地如火如荼展開的各式文化運動。

　　「你文化了沒？」成為當時臺灣社會的流行語，「文化」在當時就是臺灣社會的全民運動。本書書名為《文協一百點：臺灣真有力地景指南》，然而讀者諸君必須知道，與臺灣文化協會有關的地點不止百點，甚至可以有千點、萬點，以至所到所聞之處臺灣文化協會都曾有或多或少的影響力。光是從本書所精選的 100 點即可看出，分佈廣達臺灣北中南東，地景屬性更包含各種不同的層面。

　　北部從基隆到新竹，並以臺灣文化協會創立的所在地，今日的臺北市大同區為核心，向外擴散至萬華區、中正區。主要的地景包括：靜修高等女學校、《臺灣民報》總批發處、蓬萊閣、古倫美亞唱片、永樂座，以及專門對付臺灣文化協會的臺北北警察署（今臺灣新文化運動紀念館）等。桃園則有大溪革新會、大溪劇場和新竹公會堂、新竹座等。

　　其中《臺灣民報》的前身就是原來在東京創辦發行的雜誌《臺灣青年》、《臺灣》，後續則在島內定期發行，從旬刊、

週刊，再到日刊，更是《臺灣新民報》的發展軌跡。這份標榜「臺灣人唯一的輿論機關」，即使臺灣文化協會於 1927 年分裂，蔣渭水、林獻堂等另立臺灣民眾黨之後，經營主體基本上維持相當程度的平衡，仍由臺灣文化協會的老班底所維持。儘管 1930 年林獻堂與蔣渭水分道揚鑣另創立臺灣地方自治聯盟，彼此間在立場、經營理念上時有衝突，但作為批判殖民專制統治、提升臺灣文化、提倡臺灣人政治覺醒，爭取臺灣人政治權益，尤其是臺灣議會設置請願運動的持續推動，《臺灣民報》、《臺灣新民報》的立場與使命幾乎未曾動搖。

中部是林獻堂的出身地，他是臺灣文化協會至關重要的核心人物。臺中、彰化和南投，可說以霧峰林家和萊園為中心，向四周以及全島擴散。主要的地景有：霧峰林家頂厝、萊園（明臺高中）、霧峰座，臺中醉月樓、樂舞臺、中央書局、豐原慈濟宮、彰化賴和醫館、彰化座與草屯炎峰青年會館等。出身草屯的臺灣文學家張深切曾提到，當時有人說：「臺灣文化的中心在臺中。」若從臺灣文化協會出錢又出力，而且敢公開站出來向殖民統治者爭取臺灣人政治權益的角度而言，將霧峰林家出身的三少爺林獻堂視為文化協會的精神領袖，絕對當之無愧。若加上臺灣新文學家賴和、力挺林獻堂的草屯炎峰青年會領袖洪元煌，臺灣中部作為臺灣文化的中心，絕非浪得虛名。

南部有文化古都臺南與新興港都高雄，腹地更為遼闊。雲林、嘉義是日治初期武裝抗日的激戰區，重要性與 1915 年爆發的噍吧哖（或稱西來庵）事件前後輝映。事件爆發過了幾年，終於有了臺灣文化協會的成立。如今想來，為了爭取臺灣人地位與提升臺灣人文化，臺灣社會全體都曾付出巨大的犧牲與代價。南部與臺灣文化協會有關的地景包括：雲林北港座、嘉義公會堂，臺南興文齋書局、韓內科、祀典武廟、新松金樓、高雄鳳山農民組合等。至於宜花東地區，本書僅略舉三處，而離島則無，這並非表示澎湖沒有「文化」，而是受到出版時程與篇幅的限制，相信日後再版時可繼續深化補充。

　　在臺灣文化協會百年紀念之際，許多當時的「地景」已物換星移，甚至消失在歷史的洪流之中。從目前本書所舉出現存的「百景」出發，目的是希望讀者能藉由實際走讀，了解曾經發生過的「故事」，不僅「望文生義」，更可以透過「地景」來思考臺灣文化協會在各地如何生根、茁壯，將其精神持續傳遞給後人，這不止是百年的追求，而是永恆的堅持。

沙上的文化夢 最好的未來時

文／張文薰（臺灣大學臺灣文學研究所 副教授兼所長）

　　侯孝賢導演作品「最好的時光」的中段叫「自由夢」，張震飾演長衫蓄辮的傳統文人，為了辦理公務而從臺中北上，應酬、留宿都由藝旦打理陪侍。穿大袖結髮髻的藝旦由舒淇飾演，美麗婉約的她終究沒有得到贖身自由的機會，因為良人正奔向海外，追求臺灣民族的自由。

　　「自由夢」的時間設定在 1911 年。十年後，奔往海外的青年從日本、中國與島內同聲呼應，在「文化」之名下爭取議會設置、廢止殖民地特殊法制等體制層面的自由。不過十年之間，髮辮髮髻被西裝洋服所取代，新知識分子大力倡議婦女知識權、禁止人身買賣、戀愛婚姻自主。他們在臺中醉月樓、臺北鐵道飯店、蓬萊閣等公開場所商議，輪船、火車、人力車搭載著寫滿各國動態、法治、公衛、經濟等議題的報紙送往臺灣各地。報紙上的文章有日文、有文言文、有漢詩、也有混合白話文日語臺灣話詞彙的奇特文體，裝載著飽滿的進步學問，用來拆除臺灣的破舊殿堂，文協成員啟蒙民眾、提升民族地位的熱切心意躍然紙上。

　　不過，文協成員很快地遇到問題——總督府看穿文化運動背後的民族主體意識，出手干預；另一方面，臺灣人的識字率不高，遑論閱讀報紙吸收新知。還好「治警事件」澆不

息文協成員滿腔的熱血，反而提醒他們「文化」不能只是包裝紙。於是他們開始作歌曲、放電影、寫小說，從聽覺、映像、故事吸引民眾的注意；同時辦巡迴演講、夏季學校來提升知性理解能力。文協不僅用筆，更用腳走到各地戲院舞台、宗教廟宇等原本就人潮湧動之地。用民眾熟悉的方式，找出彼此溝通的語言。「文化」不是從外到內、從上而下的單行道，更不是知識青年所單獨定義的填充題。在殖民者壓制、民眾反應冷漠的環境中，鎖定民眾對於影像、聲音的好奇心而迅速採取巡迴行動，並調整傳布議題的內容──這正是「文化」建設的核心。

　　其實，「文化」也是日本大正時代的關鍵詞，但在「文化」之前，日本先經歷了「文明」的明治時代。從全面西化的文明洗禮，到市民大眾的生活文化，臺灣文化協會等於挑起日本帝國分兩階段執行的任務，在十年內站上日本匍匐了四十幾年才前進的道路，其倉皇收場自然有跡可循。以婦女解放議題來說，文協在靜修女校舉辦成立大會；第一位女醫師蔡阿信投書《臺灣青年》、以及她與婦女解放倡議者彭華英之間的薄倖婚姻；波浪短髮的林氏好登台演唱、與盧丙丁之間的革命夫妻情緣；這些與文協相隨的女性生命故事，幾乎凝縮了日本從維新以來的婦女解放論述與實踐。然而這些走出閨

閣、具專業技能、有論述能力的女性，在婚姻情緣破滅時仍須比男性承擔更多的非議與打量。文協在左右分裂、蔣渭水逝去的 1931 年正式告終之際，那些不惜拋頭露面走上街頭看電影、聽演講的女性，如果仍然缺乏掌握自我未來的資格，那麼文協的任務，算成功嗎？

雖然早在 1924 年就有人主張文化必須反映勞動大眾的處境，才不會是「沙上的文化運動」。然而正是在現實前挫敗、自省後高聲唱出的旋律，從這破舊殿堂中開出的新文學之花，才是文協留下的寶貴贈禮。想為所有年輕姐妹指路的〈她將往何處去〉、政治寓言〈台娘悲史〉〈神秘的自制島〉、指出祭典鋪張問題的〈鬥鬧熱〉，都是用故事引人入議題的創作結晶。〈保正伯〉、〈榮歸〉、〈死麼？〉、〈一桿「秤仔」〉、〈薄命〉等作品創造了臺灣文學的典型人物：貪婪的保正、高壓的巡查大人、善良卻無知的農民、無辜受難的少女。甚至在文協運作出現問題之後，〈辱？！〉、〈歸家〉、〈決裂〉等更表達了身兼運動者的文學家之喟嘆與內省。後來的臺灣文學創作者，都可以在文協時代的經驗中，體察到理想與現實的落差、觀念與實踐的縫合、知識與文化的序列關係等命題，並提取豐富的創作題材與資源。

臺灣文學史上開始的文藝雜誌及文學創作，文協成員都是重要的班底。在實際的政治性層次敗北的「臺灣文化協會」，給後世最大的啟蒙可能是「文化」絕不能帶有精打細算的目標，而是歷經沙塵暴後站穩腳跟，方能指認描繪的夜空星斗。

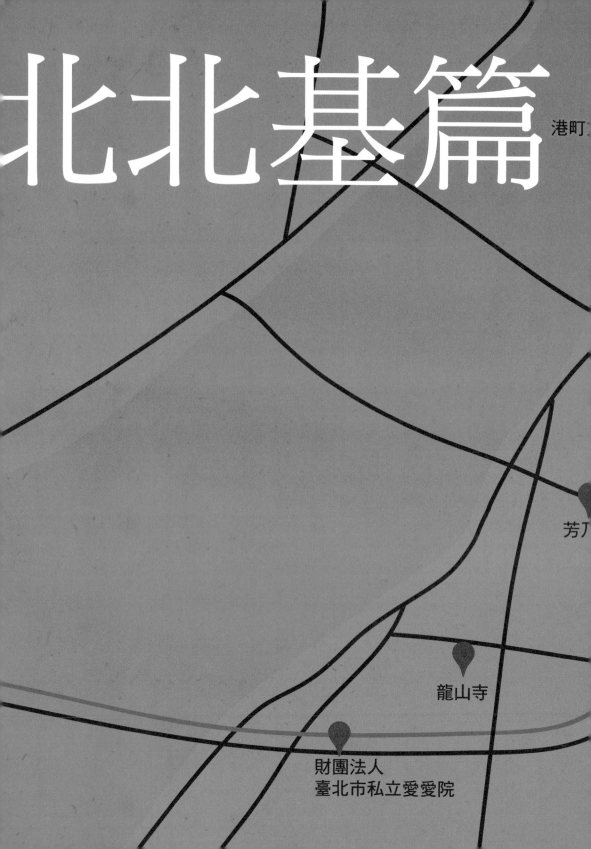

北北基篇

港町

芳丁

龍山寺

財團法人
臺北市私立愛愛院

臺北北警察署

≈臨秋故居

《臺灣新民報》報社

《臺灣民報》總批發處

永樂座

靜修女子高級中學

蓬萊閣　臺灣民眾黨
山水亭　臺北本部事務所

國際書局

臺北車站

台灣高鐵
TAIWAN HIGH SPEED RAIL

朝日座
臺北公會堂

臺灣鐵道飯店

古倫美亞
唱片公司舊址

臺灣總督府
民政部殖產局附屬博物館

日日新報社

臺灣總督府醫學校

臺大醫學院大禮堂

臺北師範學校

臺灣臺北地方法院

臺北市立
第一女子高級中學

Metro Taipei

Metro Taipei

臺灣教育會館

基隆港

來去地球踅一輪

林獻堂在基隆港

1927 年 5 月 15 日，47 歲的「臺灣議會之父」林獻堂，神情有些落寞地站在基隆港邊，遠遠眺望著一望無際的蔚藍大海。他似乎有些不捨，對身邊二兒子林猶龍緩緩嘆了一口氣，道出心聲：這幾年，文化協會真是多事之秋。同志之間為了運動路線對抗分裂，當局又找藉口百般打壓。也許趁著這個機會，父子兩人前往世界各國走走看看，為臺灣人尋找希望吧！

隨後林獻堂便搭上「鳳山丸」輪船，出發環遊世界。這一去就超過一年，總共遊歷 16 國、60 餘個城市。隔年，林獻堂更在《臺灣民報》上連載〈環球一週遊記〉，向臺灣人介紹旅途中所見所聞，誓言「以清新之氣再造臺灣」。後來這些文章集結成《環球遊記》一書。

在日治時代，基隆港可說是臺灣面向世界先進文明的最重要門戶。當時臺灣知識分子前往國外留學讀書，都得要在基隆搭船離鄉。又例如 1924 年的其中一次「臺灣議會設置請願」活動，就是由文協的蔣渭水、蔡培火、洪元煌及李山火等人，攜帶著臺灣民眾所簽署的千份請願書，在基隆港接受民眾的歡呼送行，然後他們搭上輪船，前往東京去呼籲日本當局設立「臺灣議會」，真正來落實本島地方自治。

25.13456,
121.74107

地址｜基隆市仁愛區港西街 16 號 18 號
交通方式｜自基隆火車站出站，步行抵達基隆港西岸旅客碼頭。
地點簡介與現況｜基隆港原名「雞籠港」，十七世紀便已啟用。到了日治時期，軍方更清除礁石，開始五期築港工程，陸續整建造船廠、軍港、漁港等設施。目前基隆港積極發展郵輪母港業務，臺灣有超過九成的郵輪旅客都由此進出。

港　隆　基　（一ノ景八灣台）

166　A VIEW OF KEELUNG HARBOUR, FORMOSA.

生蕃屋商店發行臺灣八景明信片當中的基隆港（國立臺灣歷史博物館提供）

聖公廟

進步思想講乎汝聽

基隆廟口的文協演講

「聽說又有留學生要在廟口舉辦文化演講？他們上次放那個『活動寫真』（電影放映）喔，辯士（講解員）解說真精彩，口才真厲害！」

一位中年鄉親，談到上回第一次看「活動寫真」的經驗，就掩不住的興奮起來。哎呀，聖公廟是修行清淨的地方，這些少年仔書唸太多，教歹囡仔大細，動不動就講什麼婦女解放、民族自決、勞工組織，不知道哪天，會不會連聖公的神像都被他們拿去拆掉了！

另外一位平常跟日本警察過從甚密的街長阿伯，則頗不以為然地大聲反駁。

1921 年臺灣文化協會成立後，便積極舉辦各種大眾演講，於各地成立讀報社、書店、劇團，目的在於把各國現代思想，用輕鬆有趣的方式，介紹給廣大臺灣民眾。當時在基隆玉田街的聖公廟口，就時常舉辦各種各樣的演講活動，好不熱鬧。不過，這些演講仍需要配合總督府推行的語言政策，例如，慶應大學雄辯部在聖公廟用國語（日語）演講，就輕易獲得官方許可。相對的，甫回臺灣的東京留學生想要用島語（臺語）舉辦活動，則常常遭遇百般刁難。

25.12815,
121.74295

地址｜基隆市仁愛區仁三路 27 之 2 號
交通方式｜自基隆火車站出出站，步行至位於廟口夜市的聖公廟。

地點簡介與現況｜聖公廟又稱奠濟宮、聖王公廟。建於清光緒元年（1875 年），主祀開漳聖王。日治時期因美軍轟炸，聖公廟遭受波及，戰後經過數度整修，後殿清甯宮則供奉水仙尊王、田都元帥、玉皇大帝。

廟公臺聖街田玉隆基

30 （新原書店發行）

（大正十年基隆要塞司令部第一九號許可濟）

1920 年代由新原書店發行的基隆奠濟宮明信片（國家圖書館提供）

美術

臺灣鐵道飯店

臺灣新美術運動的誕生

臺灣鐵道飯店

1934 年 11 月 12 日，位在「臺北停車場」（即當時的臺北火車站）斜對面，富麗堂皇、歐式風格的「臺灣鐵道飯店」，擠滿了前來參加「臺陽美術協會成立大會」的各界嘉賓。這間鐵道飯店是日治時代指標性的高級旅館，佔地開闊、內裝豪華，外觀則是英式宮殿風格，還有喫煙室、讀書室、玉突場（撞球場）、理髮室及各式食堂等各種設施。當時的臺灣富商、達官顯貴、文人雅士都是此處的常客。如果想要品嘗最時髦的西式料理、異國飲料點心，那麼鐵道飯店絕對是不二之選。

在臺陽美協宣布成立的酒會上，許多文化界的重要人物都到場祝賀。而文化協會的蔡培火、臺灣地方自治聯盟的楊肇嘉，更是大力聲援，期望臺陽美協能夠創造出屬於臺灣人的優秀藝術。當時最優秀的臺灣藝術家，包括廖繼春、顏水龍、陳澄波、陳清汾、李梅樹、李石樵與楊三郎等人，也都是臺陽美協的創始成員，他們的宗旨是：「拓荒播種，使新進的畫家能有自由發表作品的機會，藉以琢磨畫技，弘揚民族文化精神」。這幾位藝術家的活動軌跡，後來也推進了影響深遠的「臺灣新美術運動」。

25.04611,
121.51517

地點｜臺北市中正區忠孝西路一段 66 號（今新光三越臺北站前店）
交通方式｜從捷運「臺北火車站」出站，即可看見飯店舊地。
地點簡介與現況｜臺灣鐵道飯店是日治時期的一座洋式旅館，當時位於臺北市表町二丁目七番地。太平洋戰爭末期，鐵道飯店在「臺北大空襲」中遭美軍炸毀，今日已不存在，其範圍大約在臺北車站南側對面街區，已改建為新光摩天大樓及亞洲廣場大樓。

THE TAIHOKU RAILWAY HOTEL, TAIHOKU.
台北　台北鐵道ホテル

臺灣史上第 1 座擁有電梯的建築──臺灣鐵道飯店的明信片（國立臺灣歷史博物館提供）

臺灣教育會館

走在藝術的最前沿

臺灣教育會館與臺陽美協

「這張畫裡面不就是嘉義大病院嗎？」

幾位穿西裝的紳士，立在年輕畫家陳澄波的《綠蔭》畫作前面，交頭接耳一邊評論，一邊驚嘆於西畫技法的栩栩如生。這裡是 1935 年 5 月的臺灣教育會館，主要由新銳臺灣藝術家組成的臺陽美術協會，正在此展出他們第一屆的美術展覽會，全臺美術愛好者紛紛前來參觀。

在此以前，臺灣藝術家還沒有過如此大規模的聯展。這次展出作品包括水墨、水彩、油畫、膠彩等等，讓參觀者們大飽眼福——原來我們臺灣藝術家這麼出色！幾間臺北有名餐廳如「波麗路」與「江山樓」等，也都熱情贊助這次盛事。

臺陽美術協會自從 1934 年成立後，逐年邀集臺灣藝術家，展出最新作品，是為臺陽美展。臺陽美協不斷吸收會員會友，其主辦的臺陽美展也成為在「臺灣美術展覽會」以外，最重要的年度美術盛事。第二屆的臺陽美展還發生了一個小小風波：李石樵的〈橫臥裸婦〉因為題材過於前衛，而被官方禁止展出。

25.03154,
121.51391

地點｜臺北市中正區南海路 54 號（今二二八國家紀念館）
交通方式｜自捷運「中正紀念堂站」出站，即可步行抵達二二八國家紀念館。
地點簡介與現況｜臺灣教育會館是日治時期由臺灣總督府營繕課長井手薰所設計的展覽館，也是當時臺灣藝術作品的重要展覽場所。二戰結束後，此建築曾依次為臺灣省參議會、美國新聞處、美國文化中心等。在 1970 年代，那些被其他畫廊拒絕的前衛作品，只能夠在美新處找到展覽場地。今為臺北市市定古蹟，為二二八國家紀念館。

1931 年的臺灣教育會館（國立臺灣大學圖書館提供）

1937 年 5 月 8 日，第三回臺陽展臺中移動展，臺陽美術協會成員與作家在歡迎座談會前合影
（中央研究院臺灣史研究所典藏）

臺灣總督府民政部殖產局附屬博物館

本土畫會的逆襲

赤島社在國立臺灣博物館

1929年9月3日，《臺灣日日新報》刊登了一篇醒目的標題：「向臺展對抗的赤島社誕生了」！所謂「臺展」，是總督府官方所舉辦的「臺灣美術展覽會」；而本土畫會「赤島社」，此時正於臺北博物館首次展出成員作品。難道「臺灣美術社團」真的要跟「殖民者官方畫展」一別苗頭嗎？

年輕的赤島社領導人陳植棋，讀到這則報導，不禁冷汗直冒。其實在半年前，總督府鎮壓臺灣左派的「二一二事件」才剛剛結束，此刻的政治氣氛險惡而緊張。於是陳植棋趕忙拜託朋友斡旋奔走，才平息了這次風波，順利展出。

不過，赤島社成立宣言是這樣的：「忠實反映時代的脈動，生活即是美，吾等希望始於藝術，終於藝術，化育此島為美麗島」。該社由臺灣最早的兩個本土畫會「七星社」和「赤陽洋畫」合併而成，並且受到楊肇嘉、歐清石與蔡培火等文協成員的熱烈支持。在這份宣言中，可以體會到藝術家們期望厚植本土文化的遠大抱負。後來赤島會因故解散，部分成員如楊三郎、廖繼春、陳澄波等，數年後又再次發起了臺陽美術協會。

25.04278,
121.51511

地址｜臺北市中正區襄陽路 2 號（今國立臺灣博物館）
交通方式｜自捷運「臺大醫院站」出站，即可步行抵達國立臺灣博物館。
地點簡介與現況｜臺灣博物館建於日治時代，是臺灣歷史最悠久的博物館。原本是臺灣總督府民政部物產陳列館，1913 年因原址天后宮遭颱風破壞，改建為文藝復興風格，並有彩色玻璃裝飾羅馬圓頂的新館。戰後改制為臺灣省立博物館，今日由文化部管理，並改為國立臺灣博物館，藏品包括人文史料與自然產物。

Government Museum, Taihoku, Taiwan.

日治時期臺灣總督府民政部殖產局附屬博物館的明信片（國立臺灣歷史博物館提供）

台北公園博物館
107. HAKUBUTSUKAN TAIHOKU PARK

因在臺北新公園裡，又稱臺北新公園博物館（國立臺灣歷史博物館提供）

艋舺龍山寺

古蹟當時正年輕
文明啟蒙與龍山寺

　　艋舺龍山寺建於 1738 年，是臺北的百年古寺，不過，在日本時代，這座傳統深厚的指標性建築也有過非常「現代」的一面。1927 年，曾任文化協會理事的艋舺當地商人蘇璧輝，滿意地看著龍山寺門外的一具時鐘塔——鐘塔上用漢語刻著「時間屬行」，還有一行拼音文字，原來是世界語「時間就是金錢」的意思。

　　啟用典禮上，鄉親紛紛詢問，這是哪一國話？蘇璧輝高聲說道：現在歐洲各國，都在學波蘭人發明的「世界語」（Esperanto）！臺灣人學會這

種語言，就可以沒有障礙，吸收各國最新知識，追上先進文明！

　　不僅如此，龍山寺也是文化啟蒙運動的重要基地，例如當地青年團體「萬華共勵會」，多次在此舉辦文化講座、音樂表演，還成立了艋舺俱樂部。臺灣民眾黨的要角蔣渭水、盧丙丁也來龍山寺舉行演講。前述的蘇璧輝和知名社運活動家連溫卿，為了鼓勵臺灣人接觸西方文明，也在此成立了臺灣世界語學會。可見在日治時代，龍山寺不只是宗教聖地，也是充滿大眾議論、啟蒙教育的公共空間。

25.03716,
121.4999

地址｜臺北市萬華區廣州街 211 號
交通方式｜自捷運「龍山寺站」出站，步行抵達艋舺龍山寺。
地點簡介與現況｜龍山寺於清代乾隆年間建成，主神為觀世音菩薩，寺院周圍商賈聚居，此地成為興旺市鎮。日治時代，又在此設立了長役場、教育公堂，民間更集資大幅整修，屋頂的藻井斗栱、殿前的銅鑄龍柱，都奠基於此。戰後此區益發繁榮，是萬華的民俗、宗教、文化中心。

THE MAGNIFICENT TEMPLE CALLED MANKA-RYUZANJI, TAIHOKU,

（臺 北）結構善美を盡せる萬華龍山寺

日治時期萬華龍山寺的明信片（國立臺灣歷史博物館提供）

臺北北警察署

你的牢房是我的旅館

拘禁在臺北警察署的蔣渭水

當年的《臺灣新民報》，曾經刊出一篇名為〈北署遊記〉的幽默文章：「主人翁酒井警部……留我住宿在署裡的客房，我也不客氣地就其受惠，脫下褲袋鞋襪，就去第一號房休憩。房內是有八、九名的客人在座，他們看著我的面，裡面那一位首席的客官，鱸鰻頭（流氓頭）很歡喜地說：『唉落了一顆明星』，大家都表示出很殷勤的歡迎……又交陪幾個好兄弟，我感覺這裡是社會問題的研究，也可看作是貧民窟，我從前入獄的時候是獨房，這回是雜房，得著研究許多真實社會的事件，算是很好的機會吧。」

這篇投書的作者，就是日治時代大名鼎鼎的運動家蔣渭水。這篇文章是他用反諷的口吻，記下當時被日本警察拘禁的情況。他甚至在牢房中，結交了幾位中下階層的「鱸鰻」朋友。由於當時文化協會的許多活動都於大稻埕地區舉辦，如果在演講中與警方發生衝突，這些「犯人」就直接押往北署審問羈押。進出牢獄十多次的蔣渭水，還把北署稱為「日新旅館」，意思是：雖然把我關在牢裡，我還是能夠精進不懈，日新又新。

25.059,
121.51514

地址｜臺北市大同區寧夏路 87 號（今臺北市新文化運動紀念館）
交通方式｜自捷運「雙連站」出站，步行抵達新文化運動紀念館。
地點簡介與現況｜臺北北警察署於 1933 年竣工，轄區為舊臺北城的北門一帶，是位於路口的臨街三層樓水泥建築，警署內還有扇型拘留所及難得一見的水牢。戰後此地改隸北市警局，曾為刑警總隊、第一分局、大同分局所在地。現為臺灣新文化運動紀念館。不過蔣渭水遭拘禁的第一代北署位於對面家樂福現址，跟現在的新文化運動紀念館地點不同。

1933 年新蓋的臺北北警察署，現在的新文化運動紀念館（寺人孟子拍攝）

1931 年的臺北北警察署（臺北市立文獻館提供）

文學　電影

《臺灣民報》總批發處

聽說報社在放電影

臺灣民報總批發處的「活動寫真」

　　一張白色的巨大布幕被高高掛起，布幕前方人頭攢動，數百位鄉親，正興致盎然地觀賞著電影。現場兩旁還舉起兩幅大字布條「臺灣文化協會」、「活動寫真大會」。而身著西裝，負責講解電影劇情的年輕「辯士」，正在口若懸河滔滔講解電影內容。

　　「阿爸，那是什麼動物，從來沒看過！」

　　「你聽辯士講啊，米國人探險隊去那個叫做北極的地方，胖胖那隻是北極熊，要很冷的地方才會有，我們臺灣只有水牛啦！」

　　這熱鬧的盛會往往持續到晚上十一點後人們才慢慢散去。

　　1928 年，《臺灣民報》曾刊登一則募款啟示，「蔡培火與王開運擬籌組美臺團，資金三萬圓，每口二十圓」，這裡提到的「美臺團」，就是當時蔡培火等人利用電影巡迴放映，對社會大眾介紹科學技術新知、外國社會動態的宣傳組織。有一次，電影放映會的售票不佳，蔡培火還在日記中這樣抱怨：「是新民報社不夠誠意，不使各地代銷人積極應援」。從這個記載我們可以推測，《臺灣新民報》的經銷處，應是當時電影放映的重要據點。想看「活動寫真」的鄉親啊，記得早點去總批發處排隊買票，以免向隅！

25.05479,
121.51187

地址｜臺北市大同區延平北路二段 29 號（今延平北路義美門市）
交通方式｜自捷運「北門站」出站，步行即可抵達延平北路義美門市。
地點簡介與現況｜《臺灣民報》總批發處舊址位於今日臺北市大同區延平北路二段 29 號，現為義美門市。

1925 年 8 月 21 日臺灣民報總批發處同仁合影（蔣渭水文化基金會提供）

臺灣民報創刊號（國立臺灣文學館典藏）

臺灣民眾黨臺北本部事務所

真·臺灣民眾黨黨部

陳植棋《真人廟》畫作的彩蛋

25 歲就過世的天才青年畫家陳植棋，是臺灣第一個成立的本土畫會「赤島社」重要成員。1930 年，陳植棋的作品《真人廟》入選日本官方舉辦的臺灣美術展覽會（即「臺展」，日治時最重要美術展覽），並獲得「特選」榮譽。陳植棋留下多張以廟宇為主題的繪畫，不過，只有《真人廟》特地標名廟宇地點。這是臺灣美術史上的一個小小謎團。

陳植棋其實是位關心社會議題的熱血青年。在師範學校畢業前夕，他因為捲入學生運動而被退學。忿忿不平的他，在文化協會領袖蔣渭水家中寄住了好幾個月。他自己也曾經在文化協會中幫忙，於汐止的電影放映講座上擔任解說辯士，對民眾宣講理念。

這張名作以供奉瞿公真人的「真人廟」為主題，但是，緊鄰於真人廟旁的，就是在 1929 年，臺灣民眾黨剛剛落成不久的臺北本部事務所。在日本殖民的政治氣氛中，臺灣知識分子並沒有言論空間去表達他們的理想與主張，但是，畫家陳植棋很可能透過這張《真人廟》，隱隱地提醒觀者：飽受官方打壓的臺灣民眾黨，曾經在臺北城中設有一處，為了全體臺灣人奮鬥打拼的小小基地。

25.05288,
121.51296

地址｜臺北市大同區天水路 45 號
交通方式｜自捷運「中山站」出站，步行抵達民眾黨舊址。
地點簡介與現況｜臺灣民眾黨臺北本部事務所的舊址位於臺北市建成町一丁目二百四十四番地，緊鄰於有百年歷史，供奉瞿公真人的真人廟。現為普通商家。

青年畫家陳植棋 1930 年的畫作《真人廟》(陳植棋家屬提供)

電影

朝日座

獨臂戲院改造王
高松豐次郎與他的朝日座

日本獨臂辯士高松豐次郎，藝名「吞氣味三樓」，他也是二十世紀初期日本著名的勞工運動家。他常用電影放映的空檔發表演說，推廣勞動者意識。1901 年，高松豐次郎經「愛國婦人會臺灣分會」邀請，前來臺灣播放電影，目的在於透過電影，來向殖民地臺灣宣揚日本社會的現代價值觀。高松後來在臺灣各大重要城市，一共建造了八座戲院，也引入了包括自然風光、滑稽喜劇及歐洲新聞等等各種主題的電影，令臺灣觀眾相當著迷。

當時臺北城本有「浪花座」劇場，高松豐次郎與「榮座」老闆合資將其購入，改建為「朝日座」。這是一間同時可以演出戲劇和播放電影的兩用混合戲院，根據《臺灣日日新報》報導，朝日座內部的舞臺，藏有機關，舞臺可以配合不同用途，旋轉移動。

25.04607,
121.50981

地址｜臺北市中正區中華路一段 25-3 號 1 樓
交通方式｜自捷運「臺北火車站」出站，步行抵達。
地點簡介與現況｜1897 年，日人在臺北城興建「浪花座」劇場，1906 年，擴建為足以容納兩百人之混合戲院，並更名為「朝日座」。朝日座舊日建築本體已不存在，今天為一般建物。

朝日座現址（林韋聿提供）

芳乃館

臺灣第一間電影院
國芳的芳乃亭

1909 年，日本人國芳開設「芳野亭」，專門演出所謂各種日本傳統說唱藝術，包括了歌舞伎、曲藝雜技等等。1911 年後，改為「芳乃亭」，並開始引入專門播放電影的機械裝置，是臺灣第一座的專業電影院。

剛開始，芳乃亭專門播映日本電影，因此票價也較為昂貴，普通的臺灣觀眾消費不起，主要為了日本仕紳階級服務。後來因為館舍老舊，又在原地另起新館，為兩層樓建築，最高可容納一千五百人。觀影階層也逐漸普及，讓電影這種新媒體真正成為一種「大眾娛樂」。可以想見，當時應該有許多受過現代日本教育的文協成員，在從事社會運動、大眾教育之空暇時間，也會偶爾放下使命感，前往芳乃亭觀看時髦的「活動寫真」。

25.04278,
121.50468

地址｜臺北市萬華區昆明街 134 號
交通方式｜自捷運「西門站」出站，步行即可抵達國賓大戲院。
地點簡介與現況｜日治時期電影院「芳の館」又稱「芳乃亭」，採榻榻米座席。戰後改為美都麗戲院，又重建為今日國賓戲院。舊日建築本體已不存在。

1931 年時的芳乃館（翻拍自臺北市立文獻館舊照片）

永樂座

文化鬥士的殞落

永樂座與蔣渭水葬儀

永樂座素有「臺灣人的劇院」的美名。但在 1931 年 8 月 23 日早上，大批民眾聚集在永樂座前，這些人個個神情肅穆，顯然並不是來觀賞文藝演出，而是從全臺各處趕來參加「故蔣渭水先生之臺灣大眾葬儀」。會場內，才四十歲的蔣渭水，在遺照相框中仍是生氣勃勃、絲毫無異於平日那種永不屈服的堅毅神氣。誰料得到區區腸仔熱（即傷寒病），就這樣奪走了臺灣人最勇敢鬥士的生命？

在靈堂前，正室石有、側室陳甜兩人臉色慘白，幾位老戰友盧丙丁、黃師樵、杜聰明同樣雙目紅腫。但令人生氣的是，數十名防止群眾滋事的日本警察在旁虎視眈眈，其中領頭的監察警官逕自靠近，拿起各處送來的弔詞，然後大筆一揮，就把不中意的字句一一刪除。當司儀準備要宣告蔣渭水遺言時，警察竟大喊一聲：「停止！」全場臉色鐵青。

早上十點半，葬儀行列開始緩緩出發，天公伯也看不下去了，冰涼的斗大雨滴，就這樣淅瀝落下。數百名工總聯會會員跟在靈幡遺像後頭，然後就是各地自發民眾每四人排成一列，數了一數，居然超過五千人。行伍極為安靜，沒有人說得出一個字。這是何等使人喪氣的一日！

蔣渭水最後安葬於大直山公墓。遺孀陳甜出家。家中房舍被追討，連電話都拿去抵債。更重要的是，在殖民者日益收緊的鐵掌下，曾經風風火火的臺灣人自治運動、文化啟蒙運動，也都漸趨沉寂。告別式上日本警察不准公開宣讀的蔣渭水遺囑，到底是怎麼說的呢？

「臺灣革命社會運動，已進入第三期，無產階級的勝利迫在眉睫。凡我青年同志須極力奮鬥，而舊同志要加倍團結，積極的援助青年同志，期望為同胞解放而努力」。嗚呼！

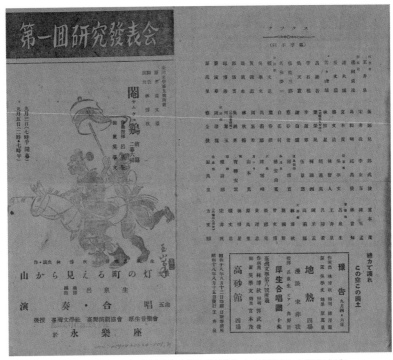

1943 年 9 月 2 日晚上，厚生演劇會的新劇《閹雞》在大稻埕的永樂座上演，
圖為節目宣傳單（國立臺灣文學館典藏）

25.05502,
121.50954

地址｜臺北市大同區迪化街一段 46 巷 15 號

交通方式｜自捷運「北門站」出站，步行即可抵達永樂座舊址。

地點簡介與現況｜永樂座為大稻埕茶商陳天來投資興建，樓高 4 層，外觀
　　　　　　　　華麗，落成於 1924 年。啟用後為新式劇場，也做公眾
　　　　　　　　集會場所。日治時代永樂座是文藝薈萃之地，但戰後因
　　　　　　　　周轉困難，陳家子孫出售產權，戲院改建為布市，建築
　　　　　　　　本體已不復存在。

臺北師範學校

臺灣最強退學畫家

陳植棋在臺北師範學校槓上日本人學長

馬鹿野郎！看到內地學長為什麼沒有敬禮！

一位穿著師範學校制服的日本學生，粗魯地叫住剛剛從眼前走過去的幾位臺灣籍學生。就在幾個年輕人不知如何是好的瞬間，當時就讀於師範學校四年級的陳植棋筆直走了過來，強硬回答：「大家都在同一間學校求學讀書，你們憑什麼高人一等！」隨後他拉了幾個學弟逕自走開，留下那位日籍學長在原地火冒三丈。

這是臺北師範學校長年以來的陋習。校方明文規定，臺灣學生碰見日本學生應該要舉手敬禮，然而當時已有多名師範學生加入了數年前成立的「臺灣文化協會」，他們對於臺灣被殖民的處境抱持著強烈反抗意識。因此，臺日學生之間相處的並不和睦。

1924 年的畢業旅行，臺灣學生與日本學生又因為畢業旅行地點發生爭執，最後校方偏袒日本學生，更讓兩方的對立徹底浮上檯面。到了 11 月 18 日，有 123 名學生公開宣布退出畢業旅行，迫使校方停課一週。其後事件愈演愈烈，最終以 36 名學生接受「自願退學」處分收場。心高氣傲的陳植棋也在這份名單上。然而，被退學的陳植棋並不氣餒，後來他成立了本土性格強烈的「赤島畫會」，也留下許多在臺灣美術史上膾炙人口的優秀作品。

1923 年 3 月 20 日由新高堂書店發行的臺北師範學校明信片 (國家圖書館提供)

地址 | 臺北市中正區愛國西路 1 號 (今臺北市立大學博愛校區)

交通方式 | 自臺北捷運「小南門站」出站，步行可達臺北市立大學博愛校區。

地點簡介與現況 | 臺北師範學校舊址前身是 1898 年的「國語學校第一附屬學校」，其校地是清代「文武廟街」一帶，故日治時代改名為「文武町」。早期國語學校佔地廣闊，亦包括今日北一女中校地。其舊址為今日的臺北市立大學博愛校區，重慶南路側尚留有「清臺北府文廟舊址紀念碑」。

臺大醫學院大禮堂

阿片真害，音樂真嗨

鄉土訪問音樂團在總督府醫學校大禮堂的首演

臺灣在 1905 年的時候，進行第一次全面的人口普查，發現大約有 16 萬人左右（佔總人口數 6％），有吸食「阿片」（鴉片）的習慣，當時日本政府將吸鴉片列為臺灣三大陋習之一，以緩禁的方式來解決鴉片問題。但其實臺灣一直到了 1929 年，還是有兩萬多名的吸食人口（佔總人口 0.6％）。日本政府為了保護三井物產株式會社所獨佔的阿片專賣，預計頒發「吸食牌照」，還找來了當時的知名文人連雅堂，用五百圓稿費（約為公學校正式老師的二十倍月薪）寫了一篇詞藻華麗的〈臺灣阿片特許問題〉，主張阿片「用之得宜」、「為進取也」，大力支持總督府阿片政策。

這件事情當然引起臺灣知識分子的強烈憤怒，蔣渭水與民眾黨紛紛鳴鼓而攻。當時在東京讀書的楊肇嘉，也由新民會刊印《臺灣阿片問題》，火力全開批判總督府的毒物政策。而總督府為了回應批評，委請臺灣第一位醫學博士杜聰明，在各地成立「更生院」，試著透過「漸禁斷療法」，來控制鴉片吸食者的成癮症狀。

另一位反毒急先鋒楊肇嘉，卻在五年後主動引入另一種使人飄飄欲仙的事物——1934 年，全臺最盛大的音樂活動，就是楊肇嘉領軍的「鄉土訪問音樂團」，成員包括了著名音樂家江文也、林澄沐及高慈美等人。全臺演出多場，首演演出就在總督府醫學校大禮堂舉辦。不知道你是不是也認同楊肇嘉呢？在我們福爾摩沙，最奇幻、最美好的成癮物，不是阿片或罌粟，而是悠揚動人的西洋古典音樂！

25.03952, 121.51885

臺大醫學人文博物館景福園側現景（黃品瑜提供）

地址｜臺北市中正區仁愛路一段 1 號（今國立臺大醫學人文博物館）

交通方式｜捷運中正紀念堂站出來後，走路可達。

地點簡介與現況｜ 1907 年，臺灣總督府醫學校的「生化學藥理教室」竣工，這棟紅磚結構、拱廊大廳、法式圓頂的建築，陪伴了首批本土醫學菁英的培育與誕生。1930 年，本體建築因祝融之災，原始風貌有相當損毀。1980 年，臺大校方體認該館之歷史人文價值，積極進行修復保存。今日為「臺大醫學人文博物館」，以展示臺灣現代醫學史為重點

臺灣總督府醫學校

音樂比賽不用出國
李金土與醫學專門學校

　　1932 年末，日資營運的《臺灣日日新報》上刊登了幾篇讀者投書，猛烈抨擊了不久前舉辦的「臺灣全島洋樂競演大會」。有日本人認為，這次的比賽評審，心懷地方意識、偏袒臺籍參賽者，以致更為優秀的日本演奏家只能屈居第三。另一篇投書〈正告米粉音樂家諸先生〉，乾脆更不客氣：「臺灣的音樂幼稚得像米粉那樣不值錢，全島洋樂競賽大會的時機還沒有到，應在五、六年之後舉行。」

　　當年這場臺灣洋樂競演大會，就是在醫學專門學校（今臺大醫學院前身）禮堂舉行。主辦人是年輕的音樂家李金土，他在國語學校（即後來的師範學校）畢業後，排除萬難前往東京上野音樂學校深造，主修小提琴和音樂教育。在日本留學期間，李金土有一次觀摩了東京時事新報所主辦了日本全國音樂比賽，不禁大受感動，當時就抄錄下全部比賽章程，深深下定決心：「臺灣人也應該有自己的全國比賽！」

　　學成歸臺後，李金土找到了青年團體「艋舺共勵會」合作，這才有了屬於全臺灣人的第一次西洋音樂比賽，也開拓了臺灣社會接納古典音樂的機緣。今天在臺大醫院新館大廳、兒童醫學大廳，還不時會有室內樂表演或鋼琴演奏，或許，這些熱心參與演奏的熱心志工，就是當年參賽者的後人與學生呢！

25.04161, 121.51719

赤岡兄弟商會發行的臺灣總督府醫學專門學校明信片（國立臺灣歷史博物館提供）

地址｜臺北市中正區常德街1號（今國立臺灣大學醫學院附設醫院）
交通方式｜捷運中正紀念堂站出來後，走路可達。
地點簡介與現況｜1895年，日本軍方借用民宅建立「大日本臺灣病院」，
即為後來的「臺北病院」、「臺灣總督府醫學專門學
校」。早期病院僅為木造，1912年後改建為紅磚混泥
土建築。入口大廳有希臘柱頭，屋頂有弧形山牆裝飾，
大廳高挑寬敞，經過中央穿廊連接各科門診病房，是
當時東亞最大的醫院之一。醫學校現址為臺大醫院舊
館，繼續對民眾開放使用。

文學　音樂

靜修高等女學校

臺灣文化啟蒙先聲

靜修女中與文協成立

　　靜修高等女學校是天主教會在臺灣創設的第一所學校，初期以「養成良妻賢母資格」為創校宗旨，當時的人都戲稱為「新娘學校」。然而，1921年10月17日下午，卻來了大批知識分子，包括醫師、公學校畢業生、歸國留學青年、仕紳，也有一些工農職業者等，陸續走進了靜修女學校的禮堂。入口處有一張橫幅，寫著遒勁大字：「臺灣文化協會成立大會」。與會者的臉上莫不帶著熱切、真誠的理想主義神采。

　　在成立大會上，蔣渭水首先走上講臺，向同志報告成立經過。當蔣渭水轉述自己前往警局申請活動許可時，川崎警務局長立刻敏感反問：「該會會員，是否有跟政治運動有所關連的？」臺下聽眾嘴角不禁泛起微笑。確實，日本當局對於臺灣人的政治運動、社會運動全力鎮壓，數年前血腥的「西來庵事件」大家記憶猶新，那好吧，我們就「莫談國事」，專心致志於「提升文化」。有很多文化協會成員還是第一次見到大名鼎鼎的蔣渭水醫生，不過，他寫的那篇〈臨床講義〉，沒有誰不是讀到滾瓜爛熟了——臺灣島因清帝國封建毒害而「智識營養不良」，目前被診斷為「世界文化的低能兒」。幸好蔣醫師這裡有一帖對症之藥，只要「在學校、圖書館、讀報社各方面採最大量」，恢復聰敏強健指日可待！

25.05793, 121.51548

日治時期的靜修高等女學校（國立臺灣歷史博物館提供）

地址｜臺北市大同區寧夏路 59 號（今靜修女子高級中學）
交通方式｜捷運雙連站出來後，走路可達。
地點簡介與現況｜ 1916 年，天主教道明會在蓬萊町（現今大稻埕）成立
靜修高等女學校。校舍建築揉合巴洛克與哥德兩種風
格，但因年深日久，1983 年進行拆除改建，只有靜心
樓的一、二層仍保持原貌。也曾獲選為臺北市十大最
具特色建築物，獲頒文化門牌紀念獎。

蓬萊閣

蓬萊閣裡遇真愛

蔣渭水與陳甜

在日治時期，既沒有臉書、也沒有咖啡館跟夜店，因此中產階級知識分子最流行的社交活動，便是呼朋引伴前往高貴酒樓，傾聽藝妓唱曲、綜論天下大事。就算是風骨傲然的民權鬥士也無法例外。1919 年，在太平町大安醫院正式執業已有一段時間的蔣渭水，在東薈芳餐廳偶然認識了聰慧的藝妓陳甜，兩人很快陷入熱戀。當時蔣渭水已有元配石有，是多年前奉父母之命結縭，雖有恩義，卻非出於自由戀愛。一番波折後，蔣渭水終於將陳甜迎娶為側室，教她讀書識字，還帶她加入臺北青年讀書會，陳甜成為會員中唯一女性。

1928 年，向來同情無產大眾的蔣渭水，更自居「運動產婆」，透過臺灣民眾黨成立「臺灣工友聯盟」。臺灣工友聯盟成立大會選在蓬萊閣餐廳舉行，而蓬萊閣正是當年他與陳甜定情的東薈芳舊址，因為東薈芳經營者捲入股權糾紛，後來又在原地重建新開的大型酒樓。當時臺灣社會漸趨工業化，勞工剝削問題越發嚴重，蔣渭水希望統合全島工人團體，共同為了臺灣人權益奮鬥。大會當天，蓬萊閣正門高懸兩條長幅，上書「同胞需團結，團結真有力」。而工友聯盟也不負所望，數年間主導數次大型罷工，會員高達萬人。可惜蔣渭水死後，在日本政府全力壓制下，終也不免解散的命運。

25.05411, 121.51333

1928 年 2 月 19 日，臺灣工友聯盟成立大會在臺北蓬萊閣舉辦（國立臺灣文學館典藏）

地址｜臺北市大同區南京西路 161 號

交通方式｜捷運中山站出來後，走路可達。

地點簡介與現況｜二十世紀初，大稻埕有四間著名旗亭（有歌女陪侍的臺菜餐廳），分別為「江山樓」、「東薈芳」、「春風樓」、「蓬萊閣」。蓬萊閣樓高三層，正門雄偉氣派，建築風格簡潔俐落，是當時富商大賈、文人雅士慣常聚會之所。戰後該建物已遭拆除，現址為一般玻璃帷幕商業大樓。

港町文化講座

停電不停講

文協與港町文化講座

　　1925 年元月，文化協會在「港町文化講座」舉行「陋風打破講演會」，數百人齊聚聽講。講者洪朝宗在當晚慷慨陳詞：「資本家最享奢華之生活，而不顧勞働者生死如何，一味凌虐勞働者，譬如總督府之房屋，如是壯觀，亦屬勞働者努力成之，現時勞働者之境遇若是，豈非由於分配之不公平乎？」

　　在場日本警察一聽，這是什麼大逆不道言論，左批資本家、右批總督府，立刻吹哨，粗聲命令講座就地解散。但數百聽眾卻喧囂抗議、不肯離去。不料，氣氛正緊張時，屋內恰好停電，警察與講者在黑暗中發生肢體碰撞，還有幾個聽眾上前排解、或者據理力爭。於是警察乾脆通通帶走，以違反治安警察法、公務妨害罪起訴包括講者洪朝宗在內五人。

　　如果將此事對照近年來的青年社會運動，如野草莓夜宿自由廣場、太陽花與警察推擠拉拒、樂生案保障居住權誓不退讓等等，或許臺灣熱血青年面對國家強權的硬頸氣質，其實可以遠遠回溯到百年以前。

　　後來文協幹部蔡式穀律師，雖然自己也因為「治警事件」官司纏身，但聽到講者與民眾被檢方起訴，立刻偕同日本律師飯島賢作前來協助。蔡式穀在庭上如此陳述：「本件雖屬輕罪，而於政治上實為重大（案件）……所堪抱憾者，即警官不理解人心，對於言論集會自由有侵害也！」

港町文化講座所在地現況（文化銀行提供）

地址｜臺北市貴德街 49 號

交通方式｜捷運北門站出來後，走路可達。

地點簡介與現況｜大清光緒年間，臺北大稻埕建立起最早的洋樓街。該區建物主要是由清水紅磚所砌成的閩南式街屋，又因此地洋行、茶行林立，為防止颱風天淹水，地基往往墊高，形成獨特人文景觀。今日貴德街 49 號，便是當年蔣渭水向茶行租用，借予文化協會週六晚間舉辦港町文化講座之處。

李臨秋故居

漁網／希望破去安怎補？
在李臨秋故居望春風

日治時代知名的音樂人李臨秋，出生 1909 年的臺北大稻埕。李家經營碾米廠，環境尚稱優渥，因此李臨秋小時候有機會接受私塾教育，練就了深厚的漢語文采。然而好景不常，慈愛的父親替朋友作保，賠光家產，竟然憂鬱逝世。為了幫助家計，公學校畢業不久的李臨秋，只能夠四處打工，他曾在啤酒廠中勞動、也在戲院裡擔任倒水工。不過，好學的李臨秋利用工餘時光，自行申請了早稻田大學函授課程、也報名成淵中學夜間部進修。

因為好學勤快，才 23 歲的李臨秋，很快升任永樂座茶房會計。當時永樂座是臺北知名劇院，各式戲劇和電影頻繁上演。而大稻埕蓬勃的文藝氣息，也刺激著李臨秋的創作欲望，於是，受到朋友的鼓勵，他開始試寫歌詞、劇本。李臨秋的〈一個紅蛋〉、〈四季紅〉、〈無醉不歸〉等臺語歌曲都很受歡迎，特別是李臨秋在黃昏的淡水河邊，創作出來的〈望春風〉，尤其傳唱一時。日本戰敗後，李臨秋接任永樂座經理，他也持續涉入流行音樂、電影等等大眾娛樂。還有一件小小軼事：戰後名曲〈補破網〉也是李臨秋所作，但因為歌詞太過寫實，反映當時經濟崩潰民生凋蔽的狀況，差點被查禁，修改歌詞之後才得以發行。

25.05516,
121.50873

地址｜103 臺北市大同區西寧北路 86 巷 4 號
交通方式｜捷運北門站出來後，走路可達。
地點簡介與現況｜李臨秋故居位於大稻埕，是一棟閩南式家屋二樓。故居中展示李臨秋生前的手稿、老照片，以及日治時代留下的桌椅眠床等等生活用品。在故居附近的大稻埕公園，設置有李臨秋雕像，定時播放李氏所做〈望春風〉、〈一個紅蛋〉等經典歌謠。

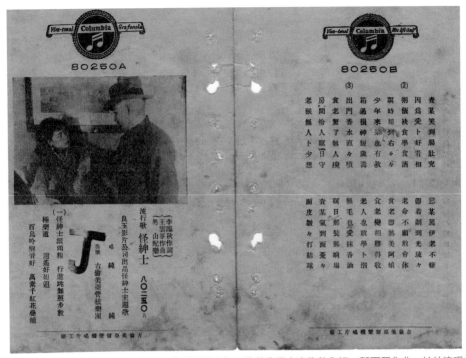

1933 年電影《怪紳士》的同名主題曲〈怪紳士〉，這首曲子由李臨秋作詞，鄧雨賢作曲，純純演唱（曲盤聽講文化工作室提供）

1933 年電影《怪紳士》的宣傳海報（國立臺灣文學館典藏）

臺北市公會堂

臺灣交響第一天團

臺北市公會堂與戰後第一場音樂會

1945 年，第二次世界大戰結束後，國民政府接收臺灣。當時原任福建音專校長的蔡繼琨，受命規畫官方交響樂團與音樂學校，是為「臺灣省警備總司令部交響樂團」。當時戰爭剛剛結束，政府編制百廢待舉，蔡繼琨便發出公告，希望招收具有相當音樂素養與技能的民間人士，並授予軍階。當時臺灣的知名樂團紛紛報考，包括王錫奇「臺北音樂會」的室內管絃樂團；蕭光明與王雲峰的「稻江音樂會」及「雲峰管絃樂團」；吳成家的「興亞管絃樂隊」；鄭有忠的「有忠管絃樂團」等，可謂人才薈萃。

1945 年 12 月 25 日，臺北公會堂已經改名為今日我們熟悉的中山堂，警備總司令部交響樂團並在此舉辦了戰後臺灣第一場音樂會。從當天演出照片可發現，樂團編制已經非常齊全。日治時代臺人開始接受現代西方音樂教育，顯然到這時已有相當成果。該交響樂團對於音樂教育、國內創作、巡迴推廣等等方面，都有傑出表現，後樂團改隸文建會（今文化部前身），更名為國立臺灣交響樂團，是臺灣歷史最悠久的交響樂團。在日治時期，公會堂屋頂建有赤道儀折射望遠鏡以及圓頂觀測臺，是由臺灣日日新報社所捐贈，戰後該設施被遷移至圓山天文臺。

25.0433,
121.50961

地址｜臺北市延平南路 98 號（今中山堂）

交通方式｜捷運西門站出來後，走路可達。

地點簡介與現況｜1931 年，總督府以紀念昭和天皇登基為由，大興土木建造「臺北公會堂」，以容納大型公眾集會活動。公會堂由知名建築師井手薰設計，共有四層樓，建築面積達 4000 平方公尺，是當時日本境內僅次於東京、大阪、名古屋的第四大公會堂。臺灣博覽會期間曾用做臨時展示所，二戰結束後，改名為「中山堂」，並有包括國民大會在內多種政府機關進駐辦公，現為國定古蹟。

臺北公會堂老照片（國立臺灣文學館典藏）

《臺灣新民報》報社

彼時新聞無自由

《臺灣新民報》報社

「臺灣人終於有屬於自己的漢文每日新聞了！」

在《臺灣新民報》報社大樓所設置的讀報社裡，一位面容青澀，看起來還在師範學校讀書的年輕人，興奮地說。然而，旁邊一位紳士聞言，卻面露苦笑，然後他慢慢打開手上的《臺灣新民報》，年輕人這才赫然發現，前幾天的版面還留著一角大片空白——看來又是一則沒有通過新聞檢察的報導，因為警察不准刊出，編輯只好臨時撤除製作完畢的印刷排版，讓報紙空在那邊「開天窗」。

1923 年在東京創辦的《臺灣民報》，以及其在 1930 年後增資改組後的《臺灣新民報》，設刊以來廣泛報導各種政治、社會運動，以筆為劍，爭取農民、勞工、婦女的權益，可說是整個日治時代，唯一由臺灣人發行與編輯，並且積極反應臺灣民意需求的漢文報紙，因此當時有「臺灣人唯一的言論機構」之譽。

然而，為了取得將每週發行改為每日發行的許可，《臺灣民報》主事者林獻堂、林呈祿等人，多次遊說拜訪日本當局，最後以「加入日方資本、日文欄位」為條件，最終才獲得《臺灣新民報》從週刊改為日刊之許可。1927 年 7 月，蔡培火爭取《臺灣民報》在臺灣印行，設立了臺北總部，之後發展為新民報社。但在 1937 年後，隨著日本軍國主義情勢的激化，總督府首先要求《臺灣新民報》廢除漢文欄，而後又將其併入官方報紙《臺灣新報》，曾為臺灣人喉舌達二十五年之久的這份報紙，也就此畫上了句點。

1932 年 4 月 15 日，《臺灣新民報》正式發行日刊第一號
（引自臺灣新民報第 410 號）

地址｜臺北市南京西路圓環邊（下奎府町二丁目二十六番地）
交通方式｜由捷運中山站出來後，步行可達。
地點簡介與現況｜創刊於日本東京的漢文報紙《臺灣民報》，原本將臺灣
　　　　　　支局設在蔣渭水所經營的大安醫院隔壁，1926 年 6 月
　　　　　　後，又遷至下奎府町二丁目二十六番地。此地是三層
　　　　　　洋樓，空間寬敞，也做為開放民眾閱覽漢文書刊的讀報
　　　　　　社。後《臺灣民報》改為《臺灣新民報》，此地也兼為
　　　　　　報社活動據點。報社原建築已不存在，約略在今日太原
　　　　　　路、南京東路圓環一帶。

古倫美亞唱片文藝部

聲音也是伴手禮

臺灣第一家唱片公司古倫美亞

株式會社日本蓄音器商會（簡稱日蓄）是日治時期臺灣發展最久、規模最大的唱片公司。日蓄於 1910 年在臺北榮町設立出張所，1927 年與美商哥倫比亞（Columbia）合作，開始以「古倫美亞」商標從事唱片經銷販售。根據《臺灣日日新報》報導，日蓄曾在臺北錄製「聲音的土產」（「聲音の土產」），內容包括京調、小曲、北管、南管、歌仔曲各種傳統音樂唱片，是提供給日本觀光客的「聲音紀念品」。當時若要灌錄臺灣漢樂唱片，日蓄會在臺北進行錄音；而該唱片如果以西洋、現代風格為主，則會在臺北練唱之後，再去東京錄音。在二戰結束前，日蓄總計發行了約 1,500 張唱片。

1932 年，日蓄與曾參與文協活動的演唱家林氏好簽約，林氏好擅長西洋聲樂唱法，是古倫美亞第一位專屬歌手。同年發行電影《桃花泣血記》的同名宣傳歌曲，歌仔戲班出身的歌星純純因此爆紅，成為美少女國民偶像，臺灣的流行音樂文化也就此濫觴。1933 年，才華洋溢的音樂人陳君玉就任古倫美亞文藝部長，再發行歌曲〈跳舞時代〉，歌詞描寫社交舞、自由戀愛、聽流行歌曲等摩登潮流，大受都會民眾歡迎。整個 1930 年代，可說是臺語流行歌曲的黃金時期，鄧雨賢、周添旺、李臨秋、姚讚福都寫下許多膾炙人口的經典作品。可以猜想，熱愛「現代文明」、一心「改良風氣」的文化協會成員，平日裡也都會情不自禁地哼上一兩句旋律悠揚的〈望春風〉或者〈雨夜花〉吧！

1932 年電影《桃花泣血記》的配樂和臺語流行歌曲唱盤（國立臺灣文學館典藏）

25.04312,
121.51161

地址｜臺北市中正區博愛路 95 號

交通方式｜由捷運西門站走出，步行可達。

地點簡介與現況｜ 1910 年，「株式會社日本蓄音器商會」設立「臺灣出張所」於臺北榮町；初期業務為經銷留聲機及唱片，一樓為販賣部，展示留聲機。1930 年代，臺灣古倫美亞總部位於臺北本町，文藝部則位於臺北京町，是臺北公會堂對面的一間透天商店。在二戰末期，臺北遭美軍轟炸，公司建築也遭波及毀損，古倫美亞的文藝部、錄音室今日都重建為一般住商大樓。

臺灣總督府臺北高等女學校

生命苦短，左派少女前進！

山口小靜與臺灣總督府臺北高等女學校

在臺灣文化協會活躍年代的前後，除了與帝國主義誓死奮鬥的臺灣勇士，也有不少來自殖民母國的真誠友人。比如左派經濟學者矢內原忠雄、農民勞動黨駐臺的辯護士古屋貞雄，以及早夭的才女山口小靜等人。

山口小靜是所謂「灣生」，她的父親是帝國派遣的臺灣神社神官。年幼的時候，山口小靜曾因為同情「大逆事件」中的社會主義受難者，而遭到身為帝國菁英的父母嚴厲責罵。1916年，山口小靜畢業於臺灣總督府臺北高等女學校（今北一女），並前往東京就讀女子高等師範。後來她因病返臺療養，在這段時間裡，她認識了後來成為文化協會要員、推動社會主義路線，自學出身的無產青年連溫卿。

在這段跨越民族、階級、性別的友誼中，山口與連溫卿共同研讀社會科學著作，成立「馬克思研究會」，他們頻繁書信往返，談知識、講人生，也討論對於和諧平等世界的政治想像。山口還把日本社會主義者山川均及其著作引介給連溫卿。此外，山口也曾於臺北的鐵道旅館舉辦慈善音樂會，為了陷入饑荒的露西亞災民募款（露西亞即俄國，日俄兩國在當時因國境問題有長期競爭關係），這反映了山口所信奉的國際主義信念。但不幸的是，體弱的山口小靜長年受肺病困擾，就在裕仁太子南下巡視臺灣的歡慶時刻，山口小靜吐血而亡，死後在板橋火化。曾將《共產黨宣言》翻譯為日語的左派思想家堺利彥，寫過一首詩悼念她：「又見一顆花蕾落地。停下來，回頭看，在我們前進的道路上，無暇惋惜。」

臺北州立臺北第一高等女學校校庭（國立臺灣歷史博物館提供）

臺北州立臺北第一高等女學校正門（國立臺灣歷史博物館提供）

 地址｜臺北市中正區重慶南路一段 165 號（今北一女）

交通方式｜自臺北捷運「小南門站」、「臺大醫院門站」出站後，步行即可抵達。

地點簡介與現況｜1901 年，日人於臺北廳國語學校內籌設「臺灣總督府國語學校第三附屬高等女學校」。後又改為「臺灣總督府中學校附設高等女學校」、「臺灣總督府高等女學校」、「臺北州立臺北第一高等女學校」二戰末期，學校遭美軍空襲，建築全毀。戰後設置「臺灣省立臺北第一女子中學」、「臺北市立第一女子高級中學」。

愛愛寮

奉獻加倍的愛

施乾與艋舺愛愛寮

　　1925 年，「社會安全網」、「社會福利」等概念都還沒出現的日治時期，《臺灣民報》刊登了一篇相當超越時代的文章〈乞丐底問題〉。隔年在《臺灣日日新報》上又刊出〈提唱乞丐撲滅〉、〈社會事業與社會公安〉、〈共同生活與寄生生活〉等文，運用調查與統計方法，深入思考臺北城中的無家者問題，並提出改善、撲滅貧窮的方法。

　　這些文章的作者，是淡水人施乾。身為富商之子，施乾自小成績優異，畢業後於總督府殖產局商工課任職。因為奉命調查艋舺乞丐的生活狀況，施乾心生不忍，開始自掏腰包，幫助生病的乞丐求醫，培育養豬、種菜、編織等生活技能，同時也自願教導其兒女讀書。後來施乾更進一步，乾脆辭去總督府工作，在艋舺綠町購置土地，搭建房舍，作為乞丐救濟收容的場所，名之「愛愛寮」。

　　後來，施乾的義舉受到日本官方表揚，他也將愛愛寮變更為公益性質的財團法人，以利長久經營。當時經過媒體報導，日籍富家女清水照子聽聞施乾的善行，甚為感動，於是來到臺灣協助愛愛院的濟貧工作。朝夕相處後，清水照子與施乾共結連理，並在二次大戰結束後，歸化為臺灣籍，延續早逝施乾的畢生志業。也許，愛愛寮的故事、臺東阿嬤陳樹菊、還有畢生奉獻給原住民山村的幾位耶穌會神父，都讓我們還是可以驕傲：臺灣最美的風景果然是善良的「人」！

25.03456, 121.49552

愛愛寮相關人物照（國立臺灣文學館典藏）

地址｜臺北市萬華區大理街 175 巷 27 號（今財團法人臺北市私立愛愛院）
交通方式｜由捷運龍山寺站出來後，步行可達。
地點簡介與現況｜　1923 年，淡水人施乾在臺北綠町購買土地，蓋了一座
　　　　　　　　　收容數十名街友、附設有菜園的低矮木屋。此一慈善
　　　　　　　　　園區當時人稱為「愛愛寮」。二戰晚期，愛愛寮變更
　　　　　　　　　為公益性質的財團法人，今日為「財團法人臺北市私
　　　　　　　　　立愛愛院」。

文學　音樂　美術

山水亭

餐桌上的文藝復興
臺菜餐廳山水亭

　　客家電視臺 2018 年的電視劇《臺北歌手》裡，有一景非常動人。在若干文藝圈好友聚會中，小說家呂赫若用西洋聲樂唱法，輕輕唱起呂泉生採集的臺灣民謠《一隻鳥仔哮啾啾》，當時總督府已經全面推行「國語（日語）運動」，想起飽受摧殘的本土文化，在座眾人紛紛傷感拭淚。而在呂赫若身後，拿起小提琴撥弦伴奏的，就是當時在大稻埕開設臺菜餐廳「山水亭」的王井泉。

　　王井泉是商人之子，卻自小熱愛文學藝術，參加過「星光演劇研究社」、「厚生演劇研究會」，也在當時多齣文化新劇中粉墨登場。他的山水亭不像當時其他豪華氣派酒樓，只是靜靜藏身於尋常巷弄。招牌好菜也沒有什麼富貴氣息，反而主打筍乾、東坡刈包、雞腳凍這些正宗臺灣料理，是當時許多口袋不深的庶民文人聚會小酌的文化沙龍。當時臺北的哲學家、記者、大學老師、雜誌編輯等，都是山水亭的忠實顧客。王井泉慷慨熱情，多年來大力支持藝文活動。張文環、陳逸松等人開辦的《臺灣文學》雜誌社，就於此地設址掛牌。

　　號稱「臺灣膠彩畫之父」的畫家林之助，曾經寫過一首日文小詩，非常生動地勾勒出了山水亭裡才子雲集的盛況、還有人稱「古井兄」的王井泉那豪邁爽朗的音容笑貌：「古井兄是位好好先生。畫家、文士、樂人們，每每都讓他請客。山水亭又窄又陋的半樓裡，曾蠢動過臺灣文藝復興的氣流。」

25.05701, 121.51153

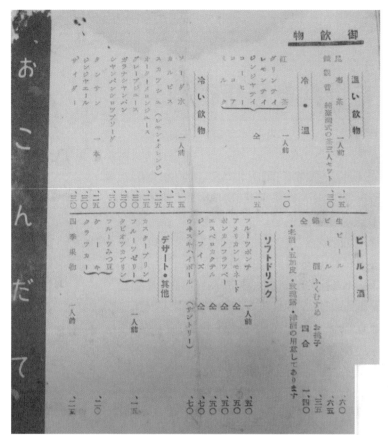

山水亭的菜單（國立臺灣歷史博物館提供）

在大稻埕開設臺菜餐廳
「山水亭」的王井泉簽名
（國立臺灣文學館典藏）

地址｜延平北路二段與民生西路交叉口
交通方式｜由捷運雙連站出來後，步行可達。
地點簡介與現況｜1938 年開業的山水亭，是日治時代揚名藝術界的臺菜
　　　　　　　　餐廳，位於大稻埕太平町三丁目，大約是今日臺北市
　　　　　　　　延平北路二段與民生西路交叉處的西側。目前舊址已
　　　　　　　　不存在。

國際書局

快來！這裡有批共產思想很純

謝雪紅的國際書局

　　1920 年代末期，如果你是常在熱鬧大稻埕走跳的摩登男女，大概很難不注意到，在人來人往的菊元商店對面，新開的這家奇怪書局。招牌上面黑色橫匾寫著四個剛硬大字「國際書局」，還有一顆鮮豔欲滴的五角紅星。你和朋友們不禁納悶，輕輕推開店門，櫃臺邊一位英氣煥發的短髮青年女性，用流利的日文招呼，攀談之下你才知道，這位姓謝的書店老闆，幾年前才從露西亞（俄國）留學回來。於是你好奇的翻開書店裡陳列的厚重日文書，馬克思書房、星光書房，還有河上肇的《貧乏物語》。雖然去年你才從《臺灣民報》讀到帝國政府大肆逮捕內地左翼分子的一系列新聞，不過那個叫做馬克思的德國人，語調鏗鏘在書裡面說「全世界無產者聯合起來！」還是讓你感到有點熱血沸騰。

　　在日本殖民時代，雖然英傑輩出，但全臺灣最傳奇的革命家，無疑是臺灣共產黨領導人謝雪紅。謝雪紅是窮苦人家女兒，曾為童養媳、小妾、女工。然她全憑自學，接受西方社會主義思潮，也是臺灣文化協會早期成員。年輕的謝雪紅曾在日本、中國、俄國進行活動，還在臺灣共產黨的上海成立大會中，宣言「追求臺灣獨立、成立臺灣共和國、樹立工農政府」，同時更大力主張婦女解放。不過，當時的一些男性知識分子，就因為謝雪紅身為女性、出身微賤，而對她的人品學識有所攻擊。數年後，在總督府對臺共發起的大逮捕中，謝雪紅遭受酷刑折磨，判刑九年。在戰後的二二八事件，謝雪紅更在武裝起義中扮演了關鍵角色，不過，那又是另外一個悲壯漫長的故事了。

25.05377, 121.51189

國際書局一帶街景（國立臺灣大學圖書館提供）

延平北路一段
南京西路
國際書局
重慶北路一段
長安西路

地址｜臺北市延平北路一段 155 號
交通方式｜由捷運雙連站出來後，步行可達。
地點簡介與現況｜1929 年 2 月 5 日，臺共幹部謝雪紅、楊克培以大稻埕
　　　　　　　　太平町二丁目為根據地，開設販售左翼書刊的「國際
　　　　　　　　書店」。然舊建築因為南京西路進行擴寬改建工程，
　　　　　　　　如今已不復當年風貌。國際書局現址為開普洋酒行。

臺灣日日新報社

日治時期臺灣官方媒體

楊千鶴與臺灣日日新報社

　　在《臺灣日日新報》報館的一間堆滿了稿件與書籍的編輯室裡，現任文藝版、讀書版的主編，熱愛臺灣風土、三歲後就在臺灣長大的文學家西川滿，正在與一位年輕臺籍女孩進行面談。不久前，社長希望《臺灣日日新報》可以增開「家庭婦女版」，並找來西川滿負責編務。因此，西川滿打算聘用臺灣女性記者，而不要老是在臺灣的報紙上，登載那些遠從東京來電的非本地報導。

　　而眼前這位少女楊千鶴，戴著流行的寬沿帽、身著優雅白洋裝，說話條理分明、態度大方穩重。根據她的自述，她才剛從臺北女子高等學院畢業不久，學生時期還得過兩次桌球冠軍！就在兩人對談氣氛正融洽時，楊千鶴卻頓了一頓，提出了自己的要求：「西川主編，我當然很樂意在貴社服務。不過，我唯一的請求是，做為臺灣人，我希望我的工資，能夠比照辦公室裡另外兩位日本同事。」

　　當時臺灣社會仍有許多不成文的陋規，例如內地人薪水「應該」比本島人高出六成。因此楊千鶴的這個要求，或許對於某些守舊者來說實在有些「不合規矩」。不過，西川滿其實早已經在自己創辦的《文藝臺灣》雜誌上，看過楊千鶴所寫的日文稿件了——如此銳利風雅的一支健筆，對於愛好文學的人來說，加薪都該把她留下來！當即西川滿就伸手致意，滿面微笑：「沒有問題！那我們就這麼說定囉，請楊女士擇日就來敝社上班！」

1920 年代的臺灣日日新報社全景（國家圖書館提供）

 地址｜約在臺北西門中華路、衡陽路交叉口一帶（臺北市榮町 4 丁目 32 番地）

交通方式｜由捷運站西門站出來後，步行可達。

地點簡介與現況｜ 1908 年，全臺發行量最大的日資報紙《臺灣日日新報》，在臺北市榮町興建報社本館與報社倉庫。報館佔地開闊，是有連續拱門的街屋建築。1930 年，報社再擴建為三層，還設置有「臺日圖書館」、「臺日講堂」，用以舉辦各種藝文活動。《臺灣日日新報》報館大約位於今日中華路、衡陽路交叉口一帶，現址為商辦大樓。

地方法院

正義今天在家否？

臺北地方法院

　　1928 年某日，蕭穆安靜的臺北地方法院中，日本法官陰沉著臉高高踞坐，下面則是數十名惶惶不安，多數才二十歲出頭甚至還不到的年輕被告。這裡是「臺灣黑色青年聯盟」一案的宣判現場，四名非常年輕的「主謀」小澤一、王詩琅、吳滄洲、吳松谷，各自被判刑一年至兩年多不等的刑期。至於其他被告，警方怎麼查也查不到任何叛國或恐怖行動的證據，只好宣判無罪，通通釋放。負責起訴的檢查官不禁嘆了一口氣：「泰山動搖，竟只抓到幾隻老鼠。」他的意思是說，這個地下「左派」組織案件，抓了幾百人，調查兩年，最後竟然只有四人有罪判刑。

　　當然無法判刑，當然找不到證據，因為這整個案件，幾乎是一場杯弓蛇影的荒唐羅織。兩年前的一晚，平素親近無政府主義思想的日籍少年小澤一，帶著一疊自製傳單，來拜訪好朋友王詩琅。所謂人不「中二」枉少年，小澤在傳單上龍飛鳳舞地寫下幾行宣傳文字：「權力即法律，法律即統治，統治即國家。權力是抹殺人類自由的一個機械。……沒有消滅一切權力，則不能得到自由。我等的直接行動就是暴力、暗殺、恐怖行動。我等誓死於黑旗下。」

　　其實，小澤一丟下傳單後，接著就大笑而去。他本來只是想讓警察「緊張一下」，這幾個朋友既沒有隸屬任何組織、也沒有任何違法行動或者武裝計畫。然而，在那個殖民統治的年代，這張「無政府主義」傳單後來不幸遭到告發，就成了「暴力顛覆」的確鑿罪證。於是日本警察順藤摸瓜，依次抓捕了一群只是平日偶爾聚會讀書、對政治打打嘴砲的少年人，並醸成了一場天大的冤獄。

1931 年的高等法院，現在的臺北地方法院（翻拍自臺北市立文獻館舊照片）

地址｜臺北市中正區博愛路 131 號
交通方式｜由捷運站小南門站出來後，步行可達。
地點簡介與現況｜臺北地方法院所在地，在清朝時本是供奉關公的武廟，
和奉祀孔子的文廟。1896 年後，臺灣各地普設地方法
院共計 13 座，此地也建造了臺北地方法院廳舍。建築
原為磚木材質，有磚造拱圈門廊，為古典風格的西洋歷
史主義外觀。1934 年再次翻新改建，此後陸續為臺灣
總督府高等法院、檢察局、司法院、最高法院、臺北地
方法院所在地，現為司法大廈。

桃竹
苗篇

湖口鄉

61

1

竹北

新竹郡役所

新竹內天后宮
新竹公會堂

新竹座

新竹市　新竹車站

香山區

3

竹南鎮

中港媽祖宮

龍瑛宗文

大溪劇場

管制政策下的電影放映

美臺團在大溪座

「美臺團，愛臺灣，愛伊風好日也好，愛伊百姓品格高。長青島，美麗村，海闊山又昂，大家請認真，生活著美滿！美臺團，愛臺灣，愛伊水稻雙冬割，愛伊百姓攏快活！」1933年10月25日晚間，在桃園地區的大溪座，五百多名民眾一同高聲合唱由蔡培火坐詞作曲的〈美臺團團歌〉，他們都是前來觀賞美臺團「活動寫真」巡迴放映活動的觀眾。現場歌聲嘹亮快活，似乎傳達出臺灣人團結合作的深切心願。

在這場難得的電影放映會中，也可以看到《臺灣新民報》新竹支局長劉春木的身影。由於新竹支局也是放映活動的售票地點，因此前幾日《臺灣新民報》的社內人員，可說是全力動員，來向鄉親父老宣傳這次久違的放映盛事。一張入場門票，為了最大化宣傳效果，定價才幾十錢，以當時物價來說，可說是非常便宜的「平民娛樂」。一邊看著觀眾們全神貫注的模樣，耳中則傳來青年辯士侃侃而談的解說，但是劉春木卻不禁憂心，自從這幾年文化協會發生左右分裂以來，日本政府也加強了各方各面的管制政策，臺灣寶島的未來似乎依舊不容樂觀。唉呀，不過現在放映的這支寫真實在趣味，劉春木慢慢沉浸在播映活動中，不知不覺忘記了憂國憂民的沉重心思，專注在那一張張栩栩如生、鮮活動作的寫真內容了。

地址｜桃園市大溪區復興路
交通方式｜桃園客運大溪總站出來後，走路可達。
地點簡介與現況｜日治時代，劇院與電影院常常以「座」為名，如榮座、羅東座、斗六座等等。大溪座在今日桃園市大溪區復興路上，舊建築已不存在。

臺灣民報

昭和三年一月廿九日　（第三種郵便物認可）　（三）　第一百九十三號

地方自治制度要如何改革

民眾黨開小委員會
商定改革的提案大綱

臺灣現行的地方自治制度，乃有其名而無其實的虛偽的機關，不但在民眾沒有自治的實德，而反加重負擔。本島民對其假裝虛偽的自治機關，已經是厭棄了。故民眾黨對於現行的制度十分表不滿了。然對現行的制度，若不如意，若無合理的改革，對於政府的抱怨，永無有誠意的改革。故凡臺灣制度改革的九項限滿，是萬般制度改革的反主張其不是。對於現行的州市街庄的任期，在本年之內已經是將廢絕了了。

創設美臺團
為民眾趣味生活

臺南市蔡培火氏外，十二月四日在廈門開臺灣學生聯合會於去年廈門臺灣學生會。開

留廈學生代表
向領事提出要求

留廈臺灣學生聯合會於去年十二月四日在廈門發育會，開會其他計劃相…

（以上）

為了讓臺灣民眾感受到生活的趣味，到各地巡迴播放電影的美臺團成立（引自臺灣民報第 193 號）

臺灣文化協會到各地舉辦播放電影的活動寫真大會（國立臺灣文學館典藏）

大溪革新會

「進」哪一「步」？「革」什麼「新」？
大溪革新會與民俗思想的張力

大溪老街附近的百年廟宇普濟堂，主祀關聖帝君，是歷史悠久的地方信仰中心。每年農曆六月，廟方都會盛大舉辦「關聖帝君聖誕慶典暨遶境儀式」，號稱大溪的「第二過年」，更是北臺灣最大的關公遶境活動，是公認的珍貴文化資產。

儘管如此，對於日治時代的臺灣知識分子來說，他們由於在殖民統治的枷鎖下生活，特別渴望啟迪民智、發揚現代文明，將臺灣人打造成「開化、進步」的現代社會。

因此在那個時代，知識分子對於民俗宗教難免充滿大小偏見。若翻開

《臺灣新民報》1931 年 8 月 15 日的報導〈革新會員，反對迎神〉，就描述了地方青年團體「大溪革新會」對於民間信仰活動的負面看法：「一般的愚男愚女們，打關將和夯紙枷的，約有千餘人。大溪革新會員對於這種耗費金錢和迷信的舉動，大為反對。是日和前一日各會員，分作數班撒佈反對的宣傳單，大喊破除迷信以減輕居民的困苦。」在三年後，大溪革新會的成員李獻璋，更出版了《革新》特刊，邀集賴和、楊守愚、張深切，甚至中國的胡適等知名作家文章，大力鼓吹在當時仍尚待普及的破除迷信、婦女解放、婚姻自由種種「先進」觀念。

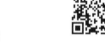

地址｜約略在大溪老街一帶
交通方式｜桃園客運大溪總站出來後，走路可達。
地點簡介與現況｜臺灣文化協會的成立，除了追求民族自決的目標以外，也希望透過文化啟蒙、大眾教育，來推動臺灣社會各方面加速「現代化」。1931 年，桃園的地方知識分子成立了「大溪革新會」，希望透過文化活動與發行刊物，打破傳統思想、推翻宗教迷信。大溪革新會主要活動範圍在今日桃園大溪老街一帶，今日已無當時景觀留下。

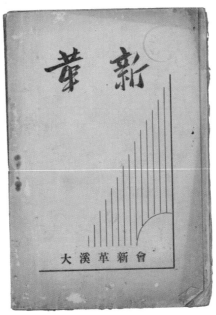

大溪革新會發行的刊物《革新》（國立臺灣文學館典藏）

大溪革新會主催漫畫展覽會紀念（李献璋家屬提供）

中壢郡役所

憤怒的稻穀
第一次中壢事件與中壢郡役所

1927 年 11 月 6 日，天氣已經微近冬日，空氣中帶有一絲涼意。但是在中壢郡役所的大門前，火熱憤怒的氣氛卻一觸即發——六百多名面孔黝黑、身材結實的農民，手執鐮刀鋤頭，前前後後將郡役所包圍起來。突然有一位鄉親大聲怒吼，撿起地上石塊，匡噹數聲後，郡役所牢牢緊閉的窗玻璃已經被砸破，幾個全副武裝的日本警察神情緊張，他們守在正門前，正等待進一步支援。

這場衝突的起因，是因為日本拓植公司與中壢農民發生契約糾紛，因此拓植公司便向法院請求，扣押農民還沒收割的二期稻作。平日裡就飽受苛扣、賤價、壟斷所苦的貧窮農民們，終於忍無可忍，聚集起來前往拓植公司抗議。協調還沒有結果，日人職員充滿著傲慢態度的言論，又讓雙方衝突火上加油，兩方終於動起手來。在痛打職員一頓以後，餘怒不消的農民再前往包圍中壢郡役所，曾與簡吉一同前往日本東京眾議會陳情的農民組合幹部趙港，也趕來加入此次行動。

儘管農民們滿腹冤屈，然而，棍棒終究無法抵擋軍刀槍砲。在衝突當天，幾名領頭者就遭逮捕，隔日農組幹部本來打算舉行後續演講會，擴大民眾關注，結果又遭警方中止。11 月 10 日，郡役所調來將近兩百名的警員，終於在優勢警力下完成了扣押稻穀手續。警方隨即就展開蒐證、起訴這次騷動的參與民眾。最後共有三十三人被判有期徒刑，同時農民組合的中壢支部、桃園支部也遭到解散。這便是臺灣農民運動史上赫赫有名的「第一次中壢事件」。

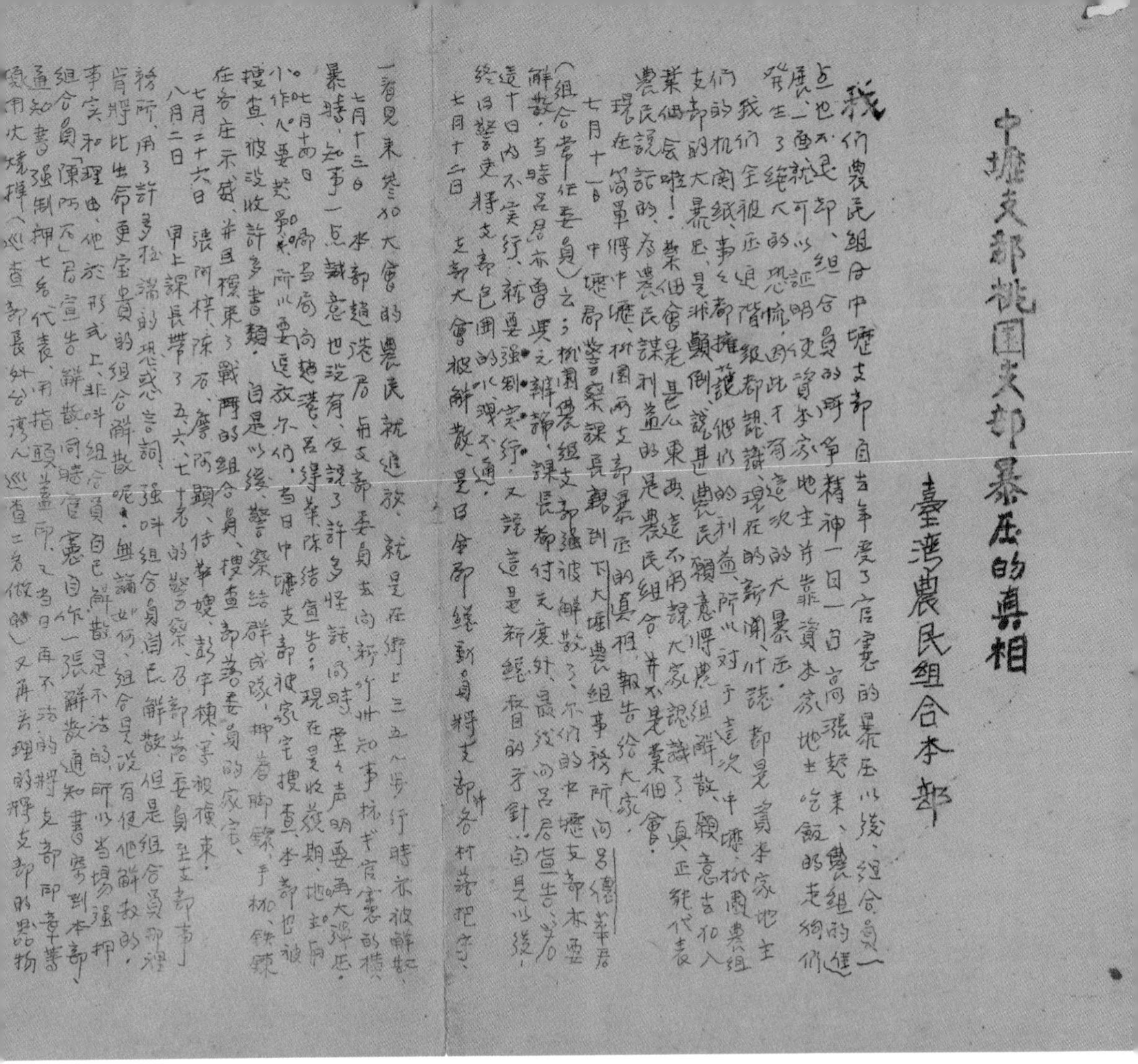

中壢支部桃園支部暴壓的真相

臺灣農民組合本部

我們農民組合在中壢支部自去年受了店東的暴壓以後，組合員一致地大團結，組合的進展一日更比一日高張起來、農組的勢力也更大，地主資本家、地主吃飯的走狗們發生了絕大的恐慌，暴惡的報紙也就是非都顛倒利他們的報章擁護地主，對於農民佃農階級橫謀侵利，這次中壢桃園兩支部的真相報告給大眾。

我們農民組合在中壢支部自告發了店東的暴壓以後，組合員一致地……

七月十一日

七月十三日……

七月二十六日……

八月二日……

臺灣農民組合本部將支部所有村落把守……

電影　文學

新竹座

戲臺上，文化開始啟蒙

新光社劇團與新竹座

　　1923 年開始，文化協會在會議上正式決議開辦「文化演劇會」，用以「改弊習，涵養高尚趣味」。由於這類新式戲劇多由文化協會主辦，所以新劇也被當時的人稱為「文化劇」。但更重要的是，文化劇主要受到日本新演劇、中國文明戲運動之影響，戲劇內容含有批判傳統風俗、反思當前政治制度、傳播進步觀念的用意，此與文化協會的宗旨密切相關，可以說文化劇的推行，自始就帶著明確的啟蒙教育目標。

　　1926 年，文協新竹支部成員林冬桂、彭金源、陳金城等 14 名成員，創立「新光社」劇團。該年在新竹座舉行第一次公演，並找來「彰化新劇社」劇團的周天啟擔任舞臺監督。首演反應熱烈，其後在大甲、苑裡、基隆等地迴演，也都受到民眾的熱烈歡迎。演出的劇目包括了《父權之下》、《良心的戀愛》、《閹人的孝道》等等。

　　此外，新光社幹部多與當時左翼運動、無政府主義運動密切相關。例如彭金源為農民組合成員、陳金城涉入工運組織。1927 年，文化協會發生左右路線分裂，新光社社員便曾經在文協主辦的通俗講演會上，與較保守的舊文協派（親近蔡培火一系）發生爭辯、發放反對宣傳單。在同年的「新竹騷擾事件」後，政治色彩鮮明的新光社為躲避日警監視，停止所有公開活動。

24.80079, 120.96854

日治時期的新竹座（國立臺灣歷史博物館提供）

地址｜新竹市東區武昌街 16-48 號
交通方式｜由新竹火車站出來後，步行可達。
地點簡介與現況｜1908 年，日人高松豐次郎興建新竹地區第一家戲院「新
　　　　　　　　竹座」。其建築設計參考臺北朝日座，為兩層樓的木
　　　　　　　　造混合戲院，可播放電影或演出戲劇。1917 年，新竹
　　　　　　　　座因火災重建，仍為兩層樓木造，擴充至六百多個座
　　　　　　　　位，並在舞臺下方設置旋轉舞臺，以便演出時替換布
　　　　　　　　景。戰後改為新竹大戲院，後經營不善倒閉，舊日建
　　　　　　　　物今日已不存在，僅餘一般民宅。

文學

內媽祖廟

喧嘩上等！警察糾彈演說會大騷亂！

新竹騷擾事件與內媽祖廟

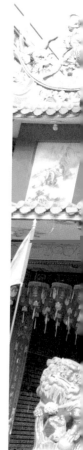

1921 年以後，日本政府公布法律第三號，對臺政策改為內地延長主義——這意味著殖民地臺灣此後的各種法律糾紛，不能僅由臺灣總督決定，必須同時符合日本國內法律。這個政策固然加速了民族同化，但另一方面，對於臺灣當時的各種反抗殖民的政治社會運動來說，也算是一種制度內的「保護」，至少總督府的處置必須「於法有據」，只要聘用了熟悉日本國內法的辯護士（律師），臺灣人被告也可以在法庭上據理力爭。

1927 年 11 月 3 日，臺灣文化協會和臺灣農民組合成員楊國城、陳繼章等人，在內媽祖廟舉行演講會，中途卻被警察強制中斷，兩位演講者還被處罰拘役 20 日。文協眾人不服，便決定「以法攻法」，再舉行一系列批判警察不法取締行為的公開演講，是為「警察糾彈演說會」。

這系列的演說會首先在豐原、苑裡舉行，事情到這裡都還算相安無事。沒想到兩週後的 11 月 27 日，文協重返內媽祖廟現場舉辦糾彈演說會，演講人員想到兩週前的不快，越講越激動，旁邊監察的日本警察也越聽越火大。被罵到狗血淋頭的警察於是又一次吹哨，打算強硬中止本次演說，這下子，已經忍耐兩個禮拜的群眾終於受不了，有人衝進媽祖廟裡，搶過神桌前的籤筒等雜物，丟擲現場日本警察，場面再度失控——現場 300 人乾脆聚集起來，一路大喊「釋放陳繼章、釋放楊國城」的口號，浩浩蕩蕩往新竹郡役所進發。當晚事件落幕時，竟有百餘人遭到警方拘捕移送，這便是當時沸騰一時的「新竹騷擾事件」。

24.8007, 120.96208

新竹內媽祖廟現在景象（黃大展提供）

 新竹內天后宮

中山路　西大路　西門街　四維路　林森路

國立清華大學
附設實驗國小

地址｜新竹市北區興南里西門街 184 號
交通方式｜新竹火車站後站出來後，走路可達。
地點簡介與現況｜乾隆時期，官府在竹塹城西門興建了官立的「內天后宮」，相對於民間設立、信徒為閩南為主的新竹長和宮，內天后宮信徒以客家人為主，為清領竹塹官祀四大廟之一。日治晚期，因藉口拓建馬路，內媽祖廟被日人強制拆除，戰後才又重建。內媽祖廟現被列為古蹟歷史建築。

文學

新竹郡役所

為了得到幸福，臺灣人不可後退！

新竹騷擾事件與新竹郡役所

　　1927 年 11 月，新竹地區發生了「新竹騷擾事件」。此事起因於臺灣文化協會所舉辦的文化演講，連續好幾次遭到日本警方無理制止。11 月 27 日晚上在新竹內媽祖廟前，終於發生了嚴重的警民衝突。當時有四、五百名聽講民眾聚集起來，向新竹郡役所進發，有人領頭大喊：「衝啊！衝啊！」也有人高聲說出：「臺灣人要得到幸福就不要退散！」慌亂的日本警察在郡役所前架起鐵欄杆，眾人在欄杆外大聲叫囂抗議。

　　聚集群眾情緒越來越激憤，他們撿起石頭對官舍一陣亂扔，隨後成功突破警戒線闖入郡役所。被逼急的日本警察拔出武士刀作勢威嚇，並且派員向新竹州警務部要求緊急支援。不久後，大批員警終於到來，很快驅散失控群眾。當天晚上，警察便前往文化協會新竹支部成員的家宅搜查拘捕，整個事件中逮捕了超過一百人。

　　身兼民眾黨創黨要角與文協成員的黃旺成，當時正在《臺灣民報》擔任新竹支部的主任。深夜接到消息便趕往郡役所現場。但是黃旺成到得太晚，只看到滿地狼籍、隱約血跡，顯然警方暴力鎮壓已經結束，也錯失了第一手報導的時機。有些失落地回到家後，黃旺成心情鬱悶，在日記中記下當天「騷擾—中止—解散—檢束—包圍郡役所—拔劍」、「鬧的天翻地覆」等句子。

　　1928 年 6 月，黃旺成以記者身分兩度北上臺北地方法院旁聽「新竹騷擾事件」的判決，日本法官不願意公開審判過程，把前來採訪的媒體驅趕到法庭外頭。黃旺成也只能摸摸鼻子，鬱悶地回家。

24.80939, 120.98296

1926 年的新竹郡役所（國立臺灣大學圖書館提供）

地址｜新竹市東區中華路二段 2 號（今國立新竹高級工業職業學校）
交通方式｜新竹客運新竹站座到新竹高中站，走路可達。
地點簡介與現況｜日治時期，新竹郡為隸屬新竹州的二級行政區，負責地
　　　　　　　　方行政、治安管理等業務，管轄新竹街、新埔街、關西
　　　　　　　　街、香山庄、舊港庄、六家庄、紅毛庄、湖口庄及部分
　　　　　　　　蕃地。新竹郡役所舊址現為國立新竹高級工業職業學校
　　　　　　　　之行政大樓。

新竹公會堂

路線的衝突與文協的分裂

新竹公會堂裡的水火不容

這日天空一片晴朗，清爽的秋風拂過身旁。魚貫走進新竹公會堂，親切互相打招呼的一百多位知識分子，正要參加待會召開的臺灣文化協會第六回總會。

然而，他們大概誰都沒有料到，1926 年 10 月 17 日，將會是文協坎坷命運的最重大轉捩點。由於這幾年殖民地政治氣氛逐漸收緊，主要活動集中於大眾啟蒙、文化教育的文協，似乎對於臺灣社會各種緊迫的議題，都沒有辦法直接回應。於是，當天下午，蔡培火提出臨時議案，他建議文協「組織變更、修改章程」，希望文協能夠改組或促成一個直接涉入殖民地政治問題的結社或政黨。

蔡培火的這個提案，全場都鼓掌叫好，一致通過。但是文化協會內部的路線之爭，卻急速浮出檯面，最後成為兩方意氣之爭。對於出身仕紳階級的林獻堂及陳逢源等人來說，他們希望在體制內進行改革，並且讓運動訴求集中於臺灣自治、民族團結。可是對於年紀較輕，多出身中下階層的蔣渭水、連溫卿、黃旺成來說，反抗運動應該要積極呼喚農民與工人，在推翻日本統治的同時，也要打破資本家對無產者的壓制。

其實，除了政治信念的差異，文協兩員大將「北水南火」早就互有心結，逐漸變得水火不容。蔣渭水認為蔡培火太容易與日本當局妥協，同時又不夠關心貧苦人民；而蔡培火呢，則認為蔣渭水個性好出風頭，在婚姻關係亦有瑕疵。於是，路線上的矛盾、性格上的不合，很快就轟然引爆，兩方在報紙上互相批評路線，甚至散佈人身攻擊。再也鎮壓不住同志反目的林獻堂，灰心地離開臺灣，決定跟兒子去環球旅行。1927 年 6 月，臺灣民眾黨成立大會上，蔣派與蔡系激烈對抗。1927 年 10 月，蔡培火等人刊出〈脫離文協的聲明書〉。曾經團結抗日的知識分子，到此徹底決裂，各自籌組團隊，雖分別路線仍持續為社會事務努力。

1930 年代的新竹公會堂明信片 (國家圖書館提供)

文化講演

期日　七月二十三夜
場所　新竹公會堂
辯士　內地留學生團
　　　賴國美一行
用語　廣東語 (以福建語通譯)
歡迎宴　午后五時在公會堂
後援　六家庄及新竹有志

新竹公會堂演講的宣傳單
(國立臺灣歷史博物館提供)

地址｜新竹市東區武昌街 110 號 (今國立新竹生活美學館)
交通方式｜新竹火車站後站出來後，走路可達。
地點簡介與現況｜ 1920 年，日本政府耗資七萬日元，修建新竹公會堂，
　　　　　　　　用以容納各式大型公眾集會活動、文藝活動。戰後，
　　　　　　　　新竹公會堂改名為新竹縣政府中山堂，現為國立新竹
　　　　　　　　生活美學館，已被列入新竹市文化資產。

北埔公學校

植有木瓜樹的「所有」臺灣小鎮

龍瑛宗與北埔公學校

客家才子龍瑛宗，大概是日治戰爭時期，作品風格最為細膩憂鬱的文學家了。龍瑛宗小時接受的是漢學私塾教育，而後就讀北埔公學校，成績優異，1927 年以最高分考取臺灣商工學校（今日開南商工）。1930 年畢業後，經師長推薦，到臺灣銀行去工作，不久被調到南投分行。而他在南投小鎮所渡過的四年壓抑光陰，則間接啟發他寫下了名作〈植有木瓜的小鎮〉（パパイヤのある街）。該篇獲得日本知名文藝雜誌《改造》推薦獎，在此之前，還沒有任何殖民地臺灣作家能夠在中央文壇得獎，這也證明了龍瑛宗優異的文學與日語造詣。

〈植有木瓜的小鎮〉主角是出身貧寒的青年陳有三，他因工作來到中部小鎮，並立志要考上公職甚至辯護士，在未來大展抱負。然而，這個長有木瓜樹的臺灣鄉鎮，其空氣卻瀰漫著一股腐爛氣味，居民渾渾噩噩，艱困的生活讓所有人失去了向上與前進的勇氣。此時陳有三卻幸運遇見了可以寄託心意的女孩翠娥，那是生命中最美好的希望。然而，翠娥因為家貧、也因為臺灣社會的傳統封建婚姻習俗，她最後被其父親賣給鄰村富人。於是陳有三最後一點光明也宣告抹消。故事最後，陳有三在頹廢和酒精之中虛擲人生，完全失去了一年前的堅強與朝氣。這篇小說除了情調優美深刻，更表現出了臺灣鄉村社會受困於時代、受困於殖民體制的集體失落心境，是臺灣文學史上不可多得的不朽傑作。

龍瑛宗獨照（龍瑛宗家屬提供）

地址｜新竹縣北埔鄉長興街 8-10 號（今龍瑛宗文學館）
交通方式｜新竹火車站坐客運到北埔老街，走路可達。
地點簡介與現況｜北埔公學校創立於 1898 年，其後逐年增建拓展校園。
1916 年後，因教職員工需求，又興建日式宿舍群。宿舍為日式時期雙拼建築形式，為木造建築，室內包括傳統日本家屋的居間、座敷、臺所、緣廊等等，屋頂則用黑燻瓦鋪設。現為龍瑛宗文學館，並依舊照片復原了「龍瑛宗書房一隅」。

中港媽祖宮

媽祖宮前鬥熱鬧

臺灣民眾黨竹南支部發黨式

　　1928 年 10 月 14 日，中港媽祖廟前的廣場熱鬧非凡，大家聽聞臺灣民眾黨將在竹南成立支部，有志者紛紛前來，一起在廟埕上搭建綠色拱門，並在前面掛起「臺灣民眾黨發黨式」的匾額，可謂獨創潮流。這一座綠色拱門和後方中港媽祖宮紅色的外觀，色彩繽紛，彷彿交互映襯著這一場成立大會中大家所懷抱的熱切希望。香火鼎盛的中港媽祖廟，本身緊鄰竹南熙來攘往的街市，經過的民眾，無不駐足讚嘆。

　　前來祝賀的來賓有李友三、廖進平、盧丙丁、蔣渭水、張晴川、陳旺成等人。竹南支部由蔡國查擔任支部長，黨員則包括陳萬濡、葉永、陳九等十七人，並推舉蔣渭水、陳旺成、方錦祥為支部顧問。支部的事務所設立於在地望族陳萬濡的住處，並開辦民眾讀報所，期待這個據點除了談論政治外，也能普及民眾對知識的渴求。

　　當晚也在中港媽祖廟開設祝賀會，廟前還特地點上電燈，並於閉會之際施放數發煙火，熱鬧非凡。此次的臺灣民眾黨竹南支部成立大會，讓竹南支部黨員終於能放下心中的大石，也破除了與其他地方支部合併的可能，持續耕耘與當地民眾的互動及交流，繼續朝著啟蒙大眾的目標前進。

地址｜苗栗縣竹南鎮中美里民生路 7 號（今為慈裕宮）

交通方式｜自竹南火車站出站，步行即可抵達慈裕宮。

地點簡介與現況｜位於竹南中港的慈裕宮，創建於 1783 年，是當地民眾信仰的重心。在清治和日治時期，因為漳泉械鬥及祝融之災，歷經數次修建。戰後則因結構老舊，再次進行大規模整修。慈裕宮於端午節會在中港溪出海口的祭祀，目前列為苗栗縣無形資產，而廟身則列為苗栗縣定古蹟。

1928 年 10 月 14 日，臺灣民眾黨竹南支部在中港媽祖廟舉辦成立大會

音樂

郭芝苑故居

以臺灣本土文化入樂

郭芝苑及其故居

　　1921 年 12 月 5 日，郭芝苑出生於新竹州苗栗郡苑裡庄，菜市場旁的一處紅磚宅院。他的母親陳彩霞是苑裡的陳家千金，外祖父陳瑚曾參與中部有名的漢詩詩社「櫟社」。他出生的這一年，適逢臺灣文化協會成立，是臺灣民眾面對知識渴求、民主啟蒙最狂飆的時刻。同一年誕生的因緣，似乎在郭芝苑的心中埋下文協所力求的文化啟蒙種子，成為他日後對臺灣土地的認同，以及內在創作靈感的來源。

　　長大於熱鬧的菜市場和媽祖廟旁的郭芝苑，深受父親郭萬最拉小提琴的影響，從小就立志成為音樂家。14 歲時，他便負笈至日本留學。戰後，郭芝苑回到臺灣，於 1950 年參加臺灣省文化協進會主辦的「第三屆全省音樂比賽」，獲作曲組第二名，入選曲目為鋼琴獨奏曲《茉莉花變奏曲》及合唱曲《漁翁》；1951 年參加臺灣省文化協進會主辦的「第四屆全省音樂比賽」，又獲作曲組第二名。入選曲目為鋼琴獨奏曲《海頓變奏曲》及合唱曲《春去曲》。

　　郭芝苑時常將童年時在廟埕前聽到南北管、歌仔戲等元素譜成一首首令人醉心的旋律，將大量的臺灣文化融入作品的作曲家，更是臺灣接觸西洋古典音樂之初的推手。穿越時光隧道之門，郭芝苑延續著臺灣文化協會年代裡對文化的渴求，不斷的在故居及廟前形塑著他對土地的愛戀。

郭芝苑獨照（王信拍攝）

地址｜苗栗縣苑裡鎮為公路 36 號（今為郭芝苑音樂協進會）
交通方式｜自苑裡火車站出站，步行即可抵達抵達郭芝苑故居。
地點簡介與現況｜郭芝苑故居位於苑裡菜市場旁，他不僅將廟前的歌仔
　　　　　　　戲、南北管等傳統音樂，融入他創作的音符，更屢獲
　　　　　　　國家多項重要獎項的肯定。他在故居創作出無數動人
　　　　　　　的作品，直到 2013 年辭世。而建物因蟲害問題日漸衰
　　　　　　　弱，現由「郭芝苑音樂協進會」維護及協助整修，嘗
　　　　　　　試規畫故居空間再利用。目前已在裡面舉辦多次音樂
　　　　　　　等活動，進而持續發揚郭芝苑的音樂。

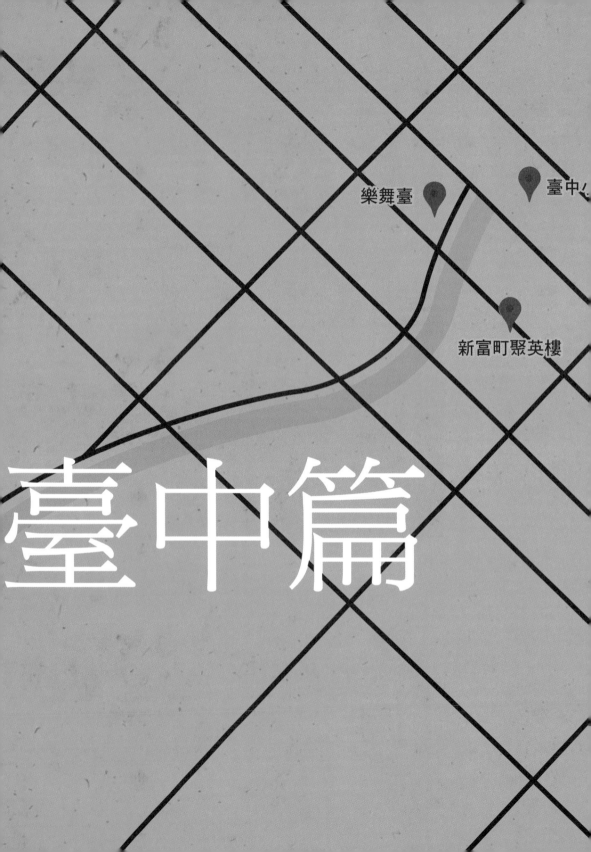

樂舞臺　　臺中心

新富町聚英樓

臺中篇

臺中公園

咖啡廳

新富小學校禮堂

臺中公會堂

中央書局

彰化銀行

太陽堂老店

醉月樓

臺中州立圖書館

臺中車站

文學　美術

臺中小西湖咖啡廳

今天不聊是非，聊文學

臺中小西湖咖啡廳與首屆全臺文藝大會

臺灣文藝聯盟機關刊物
《臺灣文藝》創刊號（國
立臺灣文學館典藏）

花了三個月的安排，邀請函終於寄出了，賴明弘雖然暫時鬆了一大口氣，心裡卻依然懸著些許不安：不知道會有多少人來參加？

1934 年 5 月 6 日正午，有一班快車載來了由南北趕至的文學作家們，臺灣文藝聯盟籌備會的人到熙來攘往的車站前，高舉旗幟歡迎。大家前往「臺中小西湖咖啡廳」用餐，會場布置充滿文學氣氛，牆上還貼著「為文學奮鬥到底」、「實現文藝大眾化」等標語。賴明弘和張深切以籌備人員的身分，向遠道而來的八十二位作家們舉杯致謝。下午兩點，第一回全臺文藝大會正式開始，賴慶開場致詞：今天是一個眾所期待的日子，南北的諸位同志能聚集在一起，有志一同來成立「臺灣文藝聯盟」，是一件很難得的事。

不過，郭水潭發現咖啡廳四周襲來沉重的壓力，原來有日本警察一直在旁監視。但是，咖啡廳的女給若無其事地附和唱片節奏婆娑起舞，從容招待沖淡了肅殺氣氛，郭水潭緊張的內心的才趨於平緩。

臺灣文藝聯盟本部牌匾
（國立臺灣文學館典藏）

與此同時，張深切一直在想，我們總該要有一份屬於自己的刊物吧？就在他籌措經費和思考人選時，中央書局的經理張星建看穿了他的憂慮，擔起這個重責，身兼總編輯與發行人的工作，而楊逵則擔任日文編輯。《臺灣文藝》共發行了十五期，進行了文化啟蒙、政治運動於一體的文藝活動，至 1936 年 8 月發行合併號後停刊。

1934 年臺灣文藝大會大合照（李獻璋家屬提供）

地址｜臺灣大道一段與大誠街交叉口處（今為興中停車場）

交通方式｜自臺中火車站大門走出後，沿著前方的臺灣大道一段直行，與大誠街交叉口的右側停車場，即是當時小西湖咖啡廳的所在位置。

地點簡介與現況｜大誠街的舊地名即稱為「小西湖」，因河川在此彎曲，沿排柳樹成蔭，如同西湖的美景，更因為當地黃西湖開設「小西湖咖啡廳」而得名。戰後「小西湖咖啡廳」成為第一間核准開設的「臺中夜總會舞廳」。90 年代時，為了改善市區停車的問題，政府填平小西湖廣場和柳川，作為現今的「興中停車場」。目前停車場暫停營業，正改建為立體停車場。

樂舞臺

好風好日，相揪看戲

樂舞臺與林獻堂一家

一起來看最近上映的戲吧！林獻堂轉頭告訴妻子楊水心待會的行程。但對楊水心來說，她比較好奇的是這一次又要去哪看戲呢？

1931 年的盛夏夜裡，林獻堂和妻子、次子猶龍、次媳愛子等人七點二十分從家裡準時出發，一同前往初音町的樂舞臺看《桃花湖》。從柳川福星橋到樂舞臺時，林猶龍和愛子一路上不僅看見漂亮的電燈裝飾，還對樂舞臺大型看板中繽紛的圖像感到欣喜。走進戲院準備看戲時，愛子卻注意到角落有一名年輕男子語帶不滿的指責剛剛離開座位的民眾，還說著座位又沒有寫名字等。愛子看了好氣又好笑，這時也才知道這間戲院這麼搶手，難怪樂舞臺總迴盪著搶著看戲的嘈雜聲。

然而，正搭著火車南北奔波的蔡培火，自文協分裂後仍不斷思考著美臺團的復興。1933 年美臺團重新出發，他聽聞樂舞臺坐落在臺灣人街區，影響力甚大，於是和江賜金、梁加升討論著：以後要時常在這裡辦巡迴放映的活動。在開映之前，團員一起合唱美臺團團歌：「美臺團，愛臺灣，愛伊風好日也好，愛伊百姓品格高……」深怕向隅的民眾一一趕赴樂舞臺，日子一久，民眾也自然與團員一起高唱起來，悠揚的樂音穿梭在樂舞臺的空間中。

1940 年的臺中樂舞臺 (國立臺灣大學圖書館提供)

地址｜臺中市中區柳川西路三段 38 號

交通方式｜自臺中火車站出站，步行即可抵達「鼎泰豐華」住宅大樓。

地點簡介與現況｜營運於 1920 年 11 月 21 日的樂舞臺，是日治時期臺中
的第一座休閒娛樂場所，不僅有布袋戲、歌仔戲，更
放映許多電影。1992 年樂舞臺拆除後，留下的空地做
為停車場使用。而後又於 2010 年臺中都市更新的計畫
中改建為「鼎泰豐華」住宅大樓。

音樂

新富小學校禮堂

為臺灣新民報 ê 讀者唱歌

新富小學校禮堂 ê「音樂の夕」演唱會

　　1933 年 9 月 22 日，高亢的聲樂自新富小學校禮堂傳出，姚讚福和一群年輕的音樂家正在彩排，每個人不斷扯著喉嚨，調整聲調。各個面容神采飛揚，想要以最好的聲音攫住民眾的目光。姚讚福的心情相當雀躍，但仍有些緊張，因為他除了要和林我沃、駱先春、陳溪圳、陳清忠參與男聲四部合唱外，還要擔任鋼琴的獨奏，演奏的曲目有波蘭音樂家蕭邦的《雨滴前奏曲》。

　　現場總共來了兩千多位觀眾，將禮堂擠得水洩不通，而會場外還有數百人擠不進去，只能席地而坐。開幕時，林獻堂代表《臺灣新民報》致詞，說明這場音樂會是慰勞讀者而舉辦的，他看見人潮如此眾多，欣喜之情自不在話下。

　　演奏聲響起，悠揚的旋律劃開了音樂會的序幕。結束之後臺下的觀眾相當熱情，意猶未盡的要求再唱一次，聲音此起彼落鼓譟著，會場熱鬧非凡。而特地自臺北古侖美亞唱片公司而來的姚讚福，父親原本期許他成為一名傳道者，但他卻選擇走上了音樂這條路，內心帶著對父親的歉意，展開了自己不同於先前傳道生活的新人生。在這場音樂會之後，他也脫離自己熟悉的聲樂以及合唱領域，走向臺語流行歌曲的創作，這場盛大的音樂會，成為他音樂旅途中重要的分水嶺。

地址｜臺中市中區三民路二段 148 號（今為臺中市立光復國民小學）
交通方式｜自臺中火車站出站，步行即可抵達光復國小。
地點簡介與現況｜日治時期臺中市區的公學校有七所，而小學校則有明治（今大同）及新富（今光復）二所。其中，新富小學校於 1920 年 8 月 20 日，於現今地址校舍落成。第二次世界大戰結束，新富小學校的畢業生歷經 23 屆計約 2800 人，其中臺灣學生僅有約 200 人左右，校名也改為「臺中市光復國民學校」。

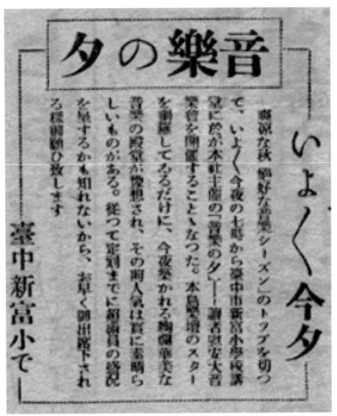

「音樂の夕」音樂會 (引自 1933 年 9 月 22 日《臺灣新民報》

2010 年的臺中市中區光復國民小學 (龍本提供 CC BY-SA 3.0)

臺中公會堂

文協的左右路線分裂

臺中公會堂與文協臨時大會

去年十月召開第六屆總會已經不順利了，不知道明天的開會將如何演變？即使跟提出「同胞須團結，團結真有力」，似乎仍然無法挽回文化協會爭執分裂的事實。為此，蔣渭水在夜裡，不斷來回低頭踱步，忖度著對策。隔日一早，窗外的光線直直照耀在牆上的日曆，彷彿為這一月三日的臨時大會揭開序幕。蔣渭水提振精神前往在大正町臺中公會堂召開的「臨時大會」。

現代文藝復興式的兩層樓紅磚建築臺中公會堂，內部迴盪著文協成員開會的論辯聲。席間，連溫卿激昂的跟大家說著，應以解放臺灣多數的無產階級為目的。座位上附和的聲音，不斷鑽入蔣渭水的耳裡。最後，連溫卿提案採委員長制，並藉由修改章程的機會，主導了 1927 年的文化協會，成為新領導人。這次共有 132 人出席，表決者和當選名單以支持左派代表連溫卿的人占絕大多數。一如蔣渭水所預料，既然大勢已去，自己也就不便在協會做事了，隨即和蔡培火表示辭任中央委員，並當場退出文協。在左右派的對決下，形成文協第一次分裂。當蔣渭水走出臺中公會堂時，對文協內部的爭執感到有些痛心，卻也不斷思考著，應更為注意日本統治者的分化技倆。半年後，蔣渭水再次來到臺中參與「臺灣民眾黨」盛大的創立大會，胸口上的沉悶，終獲出口。

地址｜臺中市中區自由路二段 92 號（今為日曜天地 Outlet）
交通方式｜自臺中火車站出站，步行即可抵達「日曜天地 Outlet」。
地點簡介與現況｜建於 1918 年的臺中公會堂，是日治時期臺中市區的公共集會地，是一棟採現代文藝復興式的兩層樓紅磚建築，緊鄰臺中公園，當時許多重要的文化政治活動都在這此舉辦。戰後，臺中公會堂則改稱中山堂，並於 1980 年代拆除，一度成為停車場。2008 年，改建為購物商場「日曜天地 Outlet」。

日治時期的臺中公會堂（國立臺灣大學圖書館提供）

中央書局

思潮傳播站，文化發電機

莊垂勝與中央書局

　　如果能在臺中規畫書局、餐廳、旅社，做為文化交流的空間，那就更好了！

　　中央俱樂部的成員雀躍的議論紛紛，各自想像著這一股浪漫的力量的如何推動。自日本留學回來的莊垂勝，在海外受法國沙龍、英國俱樂部文化的影響，和臺中地方的仕紳提出了以文化據點做為思想傳播的構想，大家紛紛踴躍參與。莊垂勝為此前往大雅，和當地的望族張濬哲、張煥珪兄弟尋求支持。莊垂勝萬萬沒想到，竟能在短時間內，股東達約四百人，共募得四萬元資金，這相當於一間銀行的資本額，莊垂勝終能放下心中募款的大石。

　　1927 年中央書局正式成立後，深受莊垂勝倚重的張星建，因為對數字敏銳，所以擔任經理職務。他穿梭其中，仔細記下書局的營運狀況。偶爾，他還會向來訪的客人介紹近日進口的漢文及日文書籍雜誌。如有年輕學子，尋不著文具及學藝用品、運動器具放置的位置，他耐心說明引領方向。在殖民統治的暗黑年代裡，中央書局扮演著臺中人的知識燈塔，更是臺灣所有文學家和藝術家的交流場所。夜裡，張星建站在書局的大門口，看著街道上那一排鈴蘭燈亮起，心情甚好。他知道，明天又是充滿希望的一天。

地址｜臺中市中區臺灣大道一段 235 號

交通方式｜自臺中火車站出站，步行即可抵達中央書局。

地點簡介與現況｜創立於 1927 年的中央書局，是日治時期臺灣文化協會中臺灣的聚會場所，書店一直到到戰後仍維持營運。1998 年，中央書局因財務困難而結束營業，並將店面建築物轉賣，舊址先後曾為婚紗店、便利商店、安全帽店等。2016 年，永豐餘集團旗下的上善人文基金會取得舊址建物所有權，2020 年 1 月中央書局於現址重新開幕。中央書局舊址位於臺中市寶町三丁目十五番地（現為臺中市中區市府路 103 號）

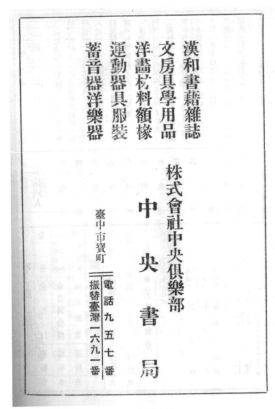

中央書局廣告（引自《南音》雜誌）

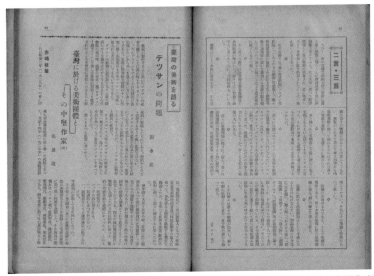

張星建在《臺灣文藝》2 卷 10 號發表的〈台灣に於ける美術團體とその中堅作家〉

臺中行啟紀念館

用畫筆思考臺灣人的處境
陳植棋在臺中行啟紀念館的畫展

大稻埕廣場上講者飛揚的神情、激昂的演說，民眾聽得如癡如醉，莫不拍手應和，會場上熱烈的盛況也令陳植棋胸口隨之沸騰。

在面對臺北師範學院課業之餘，陳植棋因為參與臺灣文化協會的活動，在心中種下思考臺灣人處境的種子。1924 年，校外教學的問題令陳植棋忿忿不平，認為學校為什麼要依日本學生的意見做為結論？陳植棋難平憤怒，即使身邊好友相勸，仍澆不熄他心中的怒火。在這段罷課期間，他試圖尋求社會大眾的聲援，卻為自己招來退學的處分。就在他愁困之際，石川欽一郎欣賞陳植棋的藝術天分，為他寫推薦信，期許他到東京美術學校鑽研。

1929 年 1 月 6 日，陳植棋在臺中行啟紀念館舉辦油畫個展，約四十餘件。位於大正町的行啟紀念館，最初是為了紀念 1923 年裕仁皇太子行經此地而命名，於 1926 年落成，而後做為教育博物館、物產陳列館之用。陳植棋寄出邀請函後，心情較為輕鬆自在。臺中行啟紀念館寬闊的空間，是陳植棋心中理想的舉辦場所，他也同步找來莊垂勝、陳逢源、陳朔方等人做展覽後援會成員。林獻堂聽聞陳植棋辦個展，特地驅車前來觀展。他看見陳植棋奔放熱情的線條，甚是喜歡，立刻購買一幅畫。這一年的嚴冬裡，陳植棋感到溫暖正在蔓延。

THE MEMORIAL HALL FOR A VISIT OF THE CROWN PRINCE.
（臺中）行啓記念館

臺中行啓紀念館的風景明信片（國立臺灣歷史博物館提供）

地址｜臺中市中區臺灣大道一段 176 號（今為舊遠東百貨大樓及綜合大樓）

交通方式｜自臺中火車站出站，步行即可抵達遠東百貨。

地點簡介與現況｜臺中行啟紀念館是為了紀念裕仁太子於 1923 年 4 月來臺而興建的建築，至 1926 年 3 月竣工。館內空間明亮寬闊，同時也作為臺中州立教育博物館及臺中州商工獎勵館使用。二戰後，臺中行啟紀念館成為憲兵隊的駐地。1961 年，原建築被拆除改建「綜合大樓」，為臺中市最早的綜合性商業大樓，後來成為遠東百貨大樓及綜合大樓。目前該棟建築現已啟動都市更新計畫。

彰化銀行

臺灣企業藝術贊助的濫觴

林獻堂與彰銀

一田二主的情況若無法解決,那麼糾紛會越來越多,甚至稅收都會產生問題!總督府面對這自清朝以來,農地大租、小租所有權混淆不清的燙手山芋,仍不得其解。

就在臺統治十年後,遷居彰化的吳汝祥,收購地主的大租權,經過總督府的勸誘下,和中部的地方仕紳以補償公債為股本,在彰化廳組織創設「株式會社彰化銀行」。某日的會議中,有股東表達:「因為 1909 年地方行政官制革新,中部地區行政,將以臺中為核心,是不是應該考慮將彰銀遷到臺中?」因為行政制度的革新,遂使彰銀之後深耕臺中發展,而原彰化總行則改為彰化出張所。

矗立在大正町街道上的彰化銀行,外觀仿古希臘羅馬的柱廊式風格,氣勢雄偉,令往來的民眾時常駐足停留觀看那精美細膩的工藝。身為彰銀股東的林獻堂,除了參與文化與政治活動外,1911 年開始參與彰銀營運的決策。

林獻堂心想,銀行也應提升文化風氣。在他的要求下,彰銀時常購買作品典藏,隱然為彰銀開啟了藝術贊助的先河。

然而,面對銀行內部的複雜關係,林獻堂有話直說,曾在董事會上對於彰銀創立元老坂本素魯哉,安排他弟弟坂本信道出任董事的提案不以為然:「世間指稱彰化銀行為坂本銀行,坂本專務取締役是否要做到名符其實而後已?」彰銀內的會議因眾人陷入沉默而暫停,而彰銀外攤販的叫賣聲依然持續著,而最後這個人事案不了了之。

戰後,彰化銀行改組,成為官民合股的銀行,由林獻堂擔任第一任董事長。這間最早由臺灣人籌設的銀行,持續營運至今。

株式會社 彰化銀行本店

1938 年 9 月完工的彰化銀行臺中總行 (文化部國家文化記憶庫提供)

地址｜臺中市中區自由路二段 38 號

交通方式｜自臺中火車站出站，步行即可抵達彰化銀行總行。

地點簡介與現況｜彰化銀行是日治時期少數由民間籌設的銀行，1910 年因環境需求下，彰化銀行遷移至臺中，並於 1936 年興建新總行。此棟建築由白倉好夫與畠山喜三郎設計，仿自西方風格的古典主義，渾圓的水泥石柱、古樸的厚重鐵門，以及內部空間的挑高設計，呈現典雅的建築美感。現為彰化銀行總行營業部所在地，並為臺中市的市定古蹟。

太陽堂餅店

企業識別始祖，商品視覺先驅

顏水龍與太陽堂餅店

何秀眉自日本東京學習洋服裁縫回臺後，便開始找著合適開設裁縫補習班的地點。何秀眉四處張貼「秀眉婦女洋服研究處：洋裁研究生募集」的海報，希望能招收更多人學習。

何秀眉的丈夫林紹崧出身於富裕的神岡社口林家，祖先林振芳曾創立知名的「崑派餅店」。到了戰後，何秀眉和林紹崧討論，既然社口崑派的點心這麼有名，不如來賣餅好了？於是何秀眉便從原本洋服裁縫的工作中轉換跑道，和丈夫一起賣起餅來。

就這樣，林紹崧夫妻倆在 1953 年開始經營起餅店，並聘請擅長製作麥芽餅的崑派師傅魏清海來做餅，後來他們研發出了獨特的「太陽餅」。

她和夫婿林紹崧不斷規畫著未來藍圖，想起當年在日本讀書的時候，林獻堂來到東京，邀請臺灣的晚輩們一起到帝國飯店吃飯，因而認識了在東京美術學校學習西畫的顏水龍，結為摯友。而顏水龍 1940 年回臺，定居霧峰後，苦心發展臺灣工藝美術。1965年，林紹崧問了交情深厚的顏水龍，可否幫忙設計店面和外盒包裝，讓自己的店面和產品更為突出。在林紹崧的盛情邀請下，顏水龍爽快的答應，甚至還在店內的牆上創作了《向日葵》馬賽克拼貼。這件馬賽克拼貼是顏水龍很滿意的作品，卻因當時毛澤東被譬喻為「東方紅太陽」，意外受到警備總部關注。太陽堂為了避免招惹麻煩，便以三夾板將壁畫封住，店內的向日葵只能從縫隙，感受外頭兀自閃耀的陽光。

臺中市太陽堂餅店紙盒（國立臺灣歷史博物館提供）

地址｜臺中市中區自由路二段 23 號

交通方式｜自臺中火車站出站，步行即可抵達自由路「太陽堂餅店」。

地點簡介與現況｜自由路上的太陽餅店眾多，林紹崧和妻子創立的「太陽餅店」，將麥芽餅取名太陽餅，是餅名起源的推手。「太陽餅店」的藍色招牌和店門口由顏水龍創作的向日葵壁畫，在招牌林立的自由路上，成為民眾口耳相傳的名店，而後交棒給兒子林義博接手經營。2012 年，林義博因為罹癌且後繼無人，決定停業。林義博病逝後，店面至今未曾出租。

臺中州立圖書館

顏水龍留歐作品展大成功！

臺中州立圖書館與贊助人林獻堂

展覽就要開始了！1933 年 5 月，顏水龍喜上眉梢，在會場來回走動查看布置狀況，還對掛畫的工人不斷表達感謝。

竣工於 1929 年的臺中州立圖書館，館藏量僅次於總督府圖書館，顏水龍認為能在如此充滿教育文化氣息的地方辦畫展相當合適，心情相當雀躍。顏水龍年輕時孤苦無依，生活遭逢最困難時都是受林獻堂的大力協助。臺南蔗農之子的顏水龍，自知當年遠赴日本和法國進修畫藝，受林獻堂資助不少，因此這次舉辦的「留歐作品展」，懷著緊張且慎重的邀請林獻堂前來參觀。

林獻堂偕同妻兒約十名家庭成員盛裝出席，浩浩蕩蕩的坐車從霧峰專程來臺中州立圖書館看展，甫下車就看見顏水龍穿著正式的西裝迎接，他的眼神莫不流露著感謝之情。顏水龍在會場中，扼要的分享著前兩年在法國沙龍展入選的作品，林獻堂對顏水龍這些年的表現感到很欣慰，兒子林攀龍更是興奮緊握顏水龍的手說：「你克服自己的困境，順利達到願望，實在令人感嘆與佩服。」

林獻堂和妻子選購了《モンスリ公園》（蒙特梭利公園）及《ポンヌフ》（盧森堡公園）兩幅畫作，這對顏水龍來說是莫大的鼓舞。會後，顏水龍邀請林獻堂一家在畫作前合影，那一刻成為顏水龍生命中永恆的紀念。顏水龍在圖書館辦的畫展相當成功，好友李石樵、郭雪湖、楊啟東等藝術家和美術社團也陸續在此舉辦畫展，活絡了這個空間的藝術氛圍。

臺中市役所發行的臺中圖書館明信片（國立臺灣歷史博物館提供）

地址｜臺中市中區自由路二段 2 號（今為合作金庫臺中分行）
交通方式｜自臺中火車站出站，步行即可抵達合作金庫。
地點簡介與現況｜1929 年完工的臺中圖書館，深具反映地方及文教活動
的歷史意義。這是一棟三層樓的磚造建築帶有哥德風
格，並以菱形紋樣、尖拱狀壁柱等呈現空間特色。戰
後，臺中圖書館由「臺灣省立臺中圖書館」續辦業務，
並於 1972 年遷館至精武路。原址則由合作金庫商業
銀行接手，並營運迄今。由於建築主體保存完整，是
全臺少數現存日治時期州立圖書館重要的案例之一。

新富町聚英樓

臺灣史上首個合法政黨

聚英樓與臺灣民眾黨成立大會

1927 年 1 月退出文協後的蔣渭水，帶著憂慮過了農曆的新年，但是隨即他和蔡培火等人便開始商討籌組政黨之事。某日，他們以「實現臺灣人全體政治的、經濟的與社會的解放」作為黨綱，但是幾天後，總督府以標榜民族主義為由禁止結社，總督府帶著文協終於分裂的見獵心喜之情，表示：不奉行民族主義才准核可！

總督府認為臺灣民眾黨可以牽制左傾的「新文協」，因此未再反對民眾黨的成立。謝春木歷經多次和日本殖民的協商和斡旋後，同年 7 月 10 日，蔣渭水與蔡培火等人，在臺中新富町聚英樓正式成立「臺灣民眾黨」。

在這豔陽高照的盛夏之際，能組成臺灣史上首個合法政黨，大家滿懷欣喜，席中的每個人紛紛舉杯慶祝這重要的一刻。成立大會中，蔡式穀開場說明大家聚集的緣由，而謝春木針對創立經過進行報告，大家你一言我一語的，共同商討著日後的走向。會後，大家一起步出聚英樓，或站或坐，皆打直身體等攝影師按下快門，他們深知這張照片將成為歷史珍貴的畫面。聚英樓是林獻堂經常款待用餐的餐廳，這次的合影缺了林獻堂的身影，因為他不在臺灣，而去環遊世界了。

THE BUSTLING STREET, SHINTOMICHO-DORI.

（臺　中）新富町殷盛なる極むる盛況なり。
本島人の商業區域としで雑踏を極め商況殷盛なるなり。

繁華至極的臺中新富町道路（國立臺灣歷史博物館提供）

地址｜臺中市三民路二段 90 號（今為聖佳照相器材行）
交通方式｜自臺中火車站出站，步行即可抵達「聖佳照相器材」。
地點簡介與現況｜「聚英樓」是日治時期中部仕紳交際應酬的餐廳，旁邊
　　　　　　　　林立許多的戲院、酒樓，以及第二市場。聚英樓當時
　　　　　　　　的店主登記為賴一安，並在店裡裝設電話。將聚英樓
　　　　　　　　作為聚集地的臺灣民眾黨，因為 1931 年試圖實行男
　　　　　　　　女平等、聲張自主等行動，牴觸了日本「內地延長」
　　　　　　　　的治臺政策，而被視為非法團體，聚英樓隨後也被迫
　　　　　　　　中止營運。戰後歷經店面更替，現為聖佳照相器材行。

醉月樓

醉月樓裡的臺灣料理
中央俱樂部成立大會

上菜了！這道是紅燒魚，這盤是塔魚餅；另外，八風菜、吐絲蝦仁也是店裡的招牌！

老闆王流川招呼著。醉月樓裡的每桌客人，無不大快朵頤這些美味的「臺灣料理」，而莊垂勝舉杯向遠道而來的名流雅士致意，感謝他們特地前來參與中央俱樂部成立大會的事宜。

1926 年的 6 月 30 日，醉月樓拿手好菜一一端上桌，迎接中央俱樂部的 70 位股東。席間每個人相談甚歡，不僅各自表述對於俱樂部後續規畫的想法，也對於此日能齊聚開會，充滿著熱烈之情。這是臺灣第一次由民間共同出資以股份的方式成立文化組織，當時彰化銀行的資本額也同樣是四萬圓，擔任發起人的莊垂勝、社長的張濬哲便知道這有多麼不容易，也顯見民間響應的熱烈。

醉月樓因地利之便，是許多政商名流、文人雅士最佳的開會地點。1930 年 8 月 17 日午後兩點，臺灣地方自治聯盟也在醉月樓召開成立大會，出席者達 227 人，推舉林獻堂、土屋達太郎為顧問，楊肇嘉、蔡式穀等人為常務理事。會後，大家在門口影合互相道別，醉月樓門外就是綠川，水面上倒映著天邊迤邐的雲，彷彿滌盡了塵世的憂慮，望之令人胸襟開闊。

24.13826, 120.68412

地方自治聯盟
舉行盛大發會式
午前中發起人總會
議事皆照原案通過

（地方自治聯盟發會式會場）

發起人會

臺灣地方自治聯盟發起人大會於去八月十七日午前十時起在臺中市醉月樓開會。會場的佈置，中央正面橫着「確立完全地方自治制」十個大字，兩邊有「擁護正當的權利」「改革假裝自治制度」「發揮自治精神」兩壁上有「改官選為民選」以表現本聯盟之盛，而出席的發起人，台中南北部七十五名，首由楊肇嘉氏致開會辭，略說；中南北部籍同志加倍協力，至今日截止已經達到千一百七十二人之多數，而此自治橫着。欣快的地方，本聯盟會員來會參加，為籌備同人所負。

正面橫着……

聯盟大會

臺灣地方自治聯盟發會式，午後二時起舉行，由楊肇嘉氏之發會辭，其順應日午後二時起再在同樓島聯盟員大會。

治實施之時機已經迫到陳炘氏退出議長座而進行討論議事。由楊肇嘉氏推荐陳炘氏為議長，進行討論議事。由楊肇了。本聯盟的目的是在於煌氏宣告閉會，時午前十時起為議決。「單一目標而取合法主義」等的口號。

一、關於規約確立之事宜。

二、關於聯盟員募集事宜。

三、關於確立運動方針事宜。

議事

1. 審議會則
2. 推薦宣言及之起草委員
3. 選任評議員
4. 評議員報告
5. 理事會報告
6. 事業經過報告
7. 閉會辭

午、休憩。午餐後二時起再在同樓島聯盟員大會。

……

第三項之確立運動方針，由楊肇嘉氏詳明意思，確立聯盟創立經過，並對於現在制度的改良要求撲滅，要求制度的改善，促進民眾，使其適合於制度長的運用。泰無異議，以上三項議事可決。

……

第二案無異議通過。

關於第二項之聯盟員募集事宜，楊肇嘉氏報告各地磋商會的經過，洪元煌氏報告北部發起人磋商會決議，及北部發起人磋商會對於規約草案討論經過，並言報告無論農民、工人皆可勸各地發起人募集之概況，並說聯盟員之募集不可過於嚴選，世人有批評我人現在之不過和平方針，如對於現在制度的改集事宜。楊肇嘉氏報告集事宜。

……

1930 年 8 月 17 日臺灣地方自治聯盟假臺中醉月樓酒家舉辦成立大會（引自《臺灣新民報》第 327 號）

地址｜臺中市中區臺灣大道一段 25 號（今為屈臣氏中站店）

交通方式｜自臺中火車站出站，步行即可抵達「屈臣氏中站店」。

地點簡介與現況｜醉月樓以一間以經營臺菜料理為名的餐廳，是當時中部仕紳交流聚會的場所，與當時臺北的「蓬萊閣」、「江山樓」齊名。老闆王川流因生意興隆和全安堂的老闆盧安承租面臨綠川側的兩層樓磚造建物，作為醉月樓別館。戰後，醉月樓仍持續經營多年，1963 年 5 月，《臺灣民聲日報》曾連日刊登醉月樓的廣告。醉月樓原址現為屈臣氏，但是外觀依舊能看見原來的建築形貌，而且從現今宮原眼科旁後方的停車場，亦能看見醉月樓牆面的殘跡。

臺灣大道二段　綠川西街　中山路　民族路　建國路　醉月樓

聖王廟

去聖王廟看北極熊

文協「活動寫真」巡迴放映

　　豐原火車站前，一群民眾交頭接耳討論著晚上文協在聖王廟舉辦巡迴放映的的畫面，令剛下車的盧丙丁相當雀躍，深覺這一兩年南北的奔波，終於有了些許收穫。聖王廟和慈濟宮是臺灣文化協會來豐原辦活動的重要據點，蔡培火也曾到此宣講文化。這裡是豐原人民間信仰、慶典等人潮聚集所在，盧丙丁暗自期待著這次的巡迴放映會有很多人參與。微涼的春日裡，盧丙丁不覺得冷，反而感到身體逐漸發熱。

　　1926 年 4 月 20 日的夜裡，一群人或坐或站的簇擁在豐原聖王廟寬闊的廟埕前，看著文化協會巡迴放映的默片《北極探險》。雅號水竹居主人的仕紳張麗俊，也特地前來於此和大家一同觀看，莫不對電影中北極探險隊所見的豐富物產、自然景象嘖嘖稱奇。擔任辯士的盧丙丁，在民眾看電影時一邊做劇情解說，在場的每個人彷彿都和世界聯繫了起來，一直到深夜十一點時演畢，大家才心滿意足的馱著月亮散會而歸。回家的路上，張麗俊仍不斷在內心叩問著：「如果探險隊走了另一條的路，結果會不會不一樣呢？」回家後的張麗俊精神甚好，翻開了桌上那本特製訂製的日記簿，以毛筆記錄下這美好的一天。

臺灣文化協會活動寫真隊旗（國立臺灣歷史博物館提供）

地址｜臺中市豐原區中正路 218 號（今為漢忠醫院）

交通方式｜自豐原火車站出站，步行即可抵達漢忠醫院。

地點簡介與現況｜建於 1869 年的聖王廟，由三角仔呂炳南為了供奉開漳聖王陳元光而設，是漳州人主要的信仰。聖王廟在慈濟宮尚未修繕竣工前，是日治時期豐原地區最重要的廟宇之一。1919 年 2 月 14 日，因為市街改正計畫，所以聖王廟被拆除。此廟的開漳聖王神尊，遷移至神岡供信眾祭拜。1935 年，林漢忠醫師在此開設「漢忠醫院」，並開業至今。

慈濟宮

去慈濟宮聽辯士講電影

文協「活動寫真」巡迴放映

　　1925 年，香客絡繹不絕的慈濟宮，歷經多年後終於修繕竣工了，張麗俊來回端詳著廟裡的木雕、交趾燒及泥塑等，滿意的和這些費工多時的匠師致謝。張麗俊秀才出身，平日喜歡吟詩寫字，是櫟社重要的成員，而且也時常提攜以葫蘆墩為主的豐原吟社，更是積極參與在地的廟宇事務，令許多人敬佩他的無私的精神。張麗俊不以興修之事為苦，反而樂在其中。

　　因修繕而人際網絡不斷擴大的張麗俊，聽聞蔣渭水和林獻堂領導的臺灣文化協會要借用慈濟宮舉行演講和電影放映，熱心的給予協助，也認為認民眾接觸新知識、新文化再好不過了。每當文協巡迴放映活動的放映師提著放映機來到廟埕前，原本在樹下的乘涼的民眾就會湊過來，新奇的看著放映師架設器材，也忍不住問：「今天要放哪一部電影？」放映師和辯士微笑的回應民眾的提問。原來那一個小小的東西，裝載著世界的容貌。電影放映時，民眾聽著辯士生動的解說，為夜裡增添了熱鬧氣氛，張麗俊以秀麗的字體寫下這些畫面。這是文化協會電影巡映隊的日常，卻是大眾知識渴求最飽滿的一刻。

24.25119, 120.71901

豐原慈濟宮今景（潘翰德提供）

地址｜臺中市豐原區中正路 179 號

交通方式｜自豐原火車站出站，步行即可抵達廟東夜市旁的慈濟宮。

地點簡介與現況｜創建於 1801 年的慈濟宮，是豐原（舊地名為葫蘆墩）
當地信仰中心，俗稱「豐原媽祖廟」。日治時期，地
方仕紳向日本總督府申請修繕，歷經六年三任總督後，
才獲得許可。1925 年，慈濟宮修繕竣工，也為豐原街
市帶動更多人潮。1935 年，因為「墩仔腳大地震」，
慈濟宮一度陷入被拆毀的危機，後來在民眾的力爭下，
才保存下來。至今，慈濟宮的香客絡繹不絕，是豐原
的重要景點。

電影

豐原街、豐原郡役所

豐原街遭遇辯士中止

文協「活動寫真」巡迴放映

　　1926 年 2 月 10 日，臺灣文化協會的巡迴放映會將在豐原街舉行放映活動，這個消息傳遍大街小巷上，自然也傳到豐原郡役所警察的耳裡，心裡不禁滴咕著文協和民眾之間的交流過於密集。

　　夜裡，街上聚集不少人潮，大家一邊看著默片，一邊聽辯士生動解說，這名辯士豐富生動的肢體語言，說明劇中一名惡漢蓄八字鬍時，民眾忍不住鼓譟了起來，而臨監的警察正好留著八字鬍。警察看見現場民眾忍不住竊喜之情感到有些難堪，雖然不全然聽懂辯士所說的臺語，但他憑著現場觀眾激昂的氣氛，就知道事情不大對勁，本能的衝上前去斥喝，並發出「辯士中止令」。這一次的騷動，在 3 月 6 日刊行的《臺灣民報》中報導，標題名為〈豐原郡禁止文協影戲〉。

　　文協的活動寫真隊每次放映電影時，其實都有警察在場。上次豐原街庄的事件後，同樣一部電影過了幾日，來到潭子放映時，民眾聚精會神的聽辯士解說劇情，現場氣氛相當熱絡，這次的警察沒有留鬍鬚，也不見其情緒不滿而干涉或制止，放映過程相當順利。即使豐原街那次的事件引發郡役所警察不滿，但是文協巡迴放映時架上的白色銀幕，就像書的內頁，裝載著世界的知識，令許多豐原街庄民眾心生嚮往。

豐原街舊照，照片中央四層樓建築為「保安醫院」，為當時豐原最高建築物(國家圖書館提供)

地址｜臺中豐原區中山路 455 號（今富春國小）

交通方式｜自豐原火車站出站，步行即可抵達富春國小。

地點簡介與現況｜日治時期的豐原郡役所，設於豐原街上。根據郡役所於
1938 年發行的《豐原郡勢要覽》，可以窺見管轄範包
括了今日的豐原、后里、神岡、大雅、潭子等地。二
戰末期，豐原街遭空襲，豐原郡役所因而毀壞。戰後
的 1949 年，政府決定在原豐原郡役所遺跡興建校舍。
現今的富春國小就是蓋在往昔管轄豐原街的豐原郡役
所原址之上。

霧峰座

在霧峰座的中心呼喊愛

楊水心的看戲日常

　　霧峰街上的市集，人潮絡繹不絕，附近的霧峰座，更是帶動了買氣和商機。臺灣文化協會領導者之一的林獻堂，因地利之便，時常和友人到霧峰座看戲，交際互動。愛看戲的林獻堂，間接影響了妻子楊水心和兒子對戲劇的喜好。1928 年 1 月 23日，楊水心用餐後便和兒媳愛子直驅霧峰座看革新青年會演戲：「起頭作家庭夫婦，兩人為妻外出，伊丈夫思起愛人……」回家後的楊水心，腦中不斷浮現霧峰座的這場戲，就寢前走到桌前翻開日記寫下情節，展現了她對看戲的細膩心思。

　　與此同時，自 1927 年 5 月出發的林獻堂，仍在世界的旅行中。楊水心心想夫婿在國外旅遊時，應該常到各地看美術展覽，以及音樂、戲劇等藝術表演。不過，令楊水心更想探問的是：「許久未歸，他應該會想念在霧峰座看戲的情景吧？」想到這裡，楊水心忍不住噗哧一笑。身為大家族主婦的楊水心，在日記本中寫下親朋往來以及自身和夫婿子女的動態，甚至記下自我看戲、購物等休閒娛樂。日記本裡有著她的所思所感，甚至能看見她對時間的規畫，而這不一定是林獻堂平日能觀察到的地方。

霧峰林家的林獻堂與其妻子楊水心（文化部國家文化記憶庫典藏）

1926 年臺灣文化協會在於臺中霧峰林家的萊園第三次夏季學校合影（國立臺灣歷史博物館提供）

地址｜臺中市霧峰區民主街（現霧峰市場）

交通方式｜自臺中火車站出站，轉乘客運前往霧峰。抵達後步行至霧峰戲
　　　　　院舊址。

地點簡介與現況｜1935 年，位於霧峰民主街上的第一家戲院「霧峰戲
　　　　　院」開幕後，周遭人潮絡繹不絕，更加人氣鼎沸。戰
　　　　　後，民主街仍是霧峰當地重要的商圈。1935 年，發生
　　　　　墩仔腳大地震，造成嚴重傷亡，蔡培火計畫舉辦賑災
　　　　　音樂會，最後一場即是在霧峰戲院演出。戰後，雖然
　　　　　霧峰戲院結束營業，重新改建為市場。而民主街更因
　　　　　九二一大地震後，不若往日繁榮，但是霧峰戲院及民
　　　　　主街，卻是霧峰早期最為繁榮之地。

霧峰林家頂厝、萊園

梁啟超來臺灣啦！

一新會與萊園

1911 年 3 月 24 日，梁啟超和女兒從橫濱乘船到基隆登岸後，在林獻堂的應邀下，終於踏上了臺灣的土地。透過林獻堂秘書甘得中的口譯及書寫，他們促膝而談，彼此交換心裡對於文化、政治的各種想法，並且相偕走訪各地。住在紅磚砌成萊園五桂樓的幾日裡，梁啟超因緣際會下和櫟社成員吟詩唱和，內心甚是開心。當他看著這裡美麗的景致，彷彿感受到濃郁的自然和人文氣息，不禁讚嘆著：「這裡是就是獻堂先生參與臺灣文化的重要據點吧！」這裡不僅是櫟社成立之地，也是日後臺灣文化協會夏季學校的舉辦地。

1932 年 2 月，林獻堂長子林攀龍正式從德國留學回臺。回到故鄉霧峰沒多久，他和父親便投入規畫「一新會」的成立，發起了「促進霧峰庄內之文化而廣布清新之氣於外，使漸及自治之精神，以期許新臺灣文化之建設」的文化團體，嘗試將文化扎根地方。在 3 月 19 日的創立大會中，可以看到葉榮鐘、蔡培火、洪元煌、李崑玉輪流上臺的身影，他們鏗鏘有力的演說，令臺下的三百位民眾聽得入神。

一新會的會館、會旗、會歌等紛紛開始建置，並將會館設置於林梅堂庭院，舉辦演講及讀書會等活動。林獻堂認為女性應成為提升文化的力量，而一新會提供了得以擁有參與公眾事務的舞臺。這座庭園是林獻堂的文化運動基地，也留下了許多造訪的足跡。

梁任公先生作客霧峰時所住萊園五桂樓（國立臺灣文學館典藏）

地址｜臺中市霧峰區萊園路 91 號（今臺中市私立明臺中學）

交通方式｜自臺中火車站出站，轉乘客運前往霧峰。抵達後步行至霧峰林家萊園。

地點簡介與現況｜林獻堂父親林文欽為了感激母親的育養之恩，大規模的借自然地形及人文景觀來構築花園形態，以供母親頤養天年，並命名為「萊園」。1930 年代，林獻堂再次整建，結構更為宏麗，因風景秀麗而聞名全臺。戰後，萊園疏於照料，逐漸失去原有風貌。1991 年，在後人林芳的主導下，再度為萊園帶來新的活力。九二一之後，再經過一連串大刀闊斧的整理，不僅使萊園景觀再現，也讓林家設立的明臺高中，成為最具特色的古蹟花園的學校。

清水火車站

百人送行伊坐監

蔡惠如與清水車站

「芳草連空，叉十絲萬縷，一路垂楊牽愁離故里。壯氣入樊籠，清水驛，滿人叢，握別至臺中。老輩青年齊見送，感慰無窮……」

因為「治警事件」而被捕入獄三個月的蔡惠如，在獄中的木板床上填詞一首〈意難忘〉。正義凜然的他，即使身在獄中，毫無懼色，眠食如常。偶爾在漆黑的夜裡，蔡惠如似乎能感受到那帶點裂縫的牆壁上，浮現著當時一兩百名鄉親們在清水車站前為他打氣的畫面，甚至從臺中火車站步行到臺中醫院探望將入監的林幼春時，也有民眾沿路跟隨高喊「萬歲」。此情此景，似乎也不得不驚動警察署長，騎馬到現場指揮以驅散民眾。蔡惠如懷著無盡的感謝，將大家的同情與惜別放在心底。

大家站出來一起挺身爭取臺人權益，那入獄的痛苦也就不算什麼事了！

蔡惠如始終這麼想著。而他為臺灣政治運動奔走的堅毅精神，影響了同為清水人的楊肇嘉，使其滋養了更為深厚的民族意識。1924 年 9 月，楊肇嘉因為清水街長任期已滿，他不再被續聘，彷彿獲得自由身。因此，1925 年正當蔡惠如和蔡培火等人身陷囹圄之際，楊肇嘉則和林獻堂等人赴東京展開第六次臺灣議會設置請願運動。這是楊肇嘉政治運動的初試啼聲，也是他人生的轉捩點。

1925 年 5 月 10 日蔡惠如（前排左 5）治警事件刑期期滿的出獄紀念照（六然居提供）

地址｜臺中市清水區中正街 115 號

交通方式｜搭乘臺鐵海線班次，即可抵達清水火車站。

地點簡介與現況｜竣工於 1920 年的清水火車站，是日治時期往來清水的主要交通運輸工具。因為 1935 年墩仔腳大地震，車站毀壞，於是在同年底就地重建。原先日本人設計的日式木質結構，則改採用鋼筋水泥材料。戰後，清水車站歷經數次翻修整建，曾一度入選為原臺中縣歷史建築十景之一，並登錄公告為歷史建築。清水火車站目前仍是海線民眾重要的交通運輸站。

電影

觀音亭

觀音菩薩也要看電影！
美臺團在觀音亭

　　1929 年 12 月 21 日，冬日夜裡，美臺團的巡迴放映這次來到了清水觀音亭，這個消息令當地民眾早已迫不及的提早來到廟埕前佔位。正式放映前，臺下民眾聽著郡巡查李清標開場致詞，以及王九君敘述美臺團的組織與使命時，眼睛卻不時分神地望著那白色銀幕看，莫不期待趕緊放映。這次放映的片名分別是《鮭的養殖》、《無人島探險》、《愛情試探》、《二個小朋友》、《愛的家庭》等，雖然是無聲默片，但是經由辯士滔滔不絕的解說後，民眾似乎更能了解這些影片背後的意義。放映活動一直到十二點閉幕，民眾才陸續散去。

　　次日，同樣的時間、地點，觀音亭除了聚滿信眾外，也陸續湧上觀看電影的民眾。前一天沒能看到電影的民眾，紛紛把握這個機會前來。這次由徐錦澄開場致詞，為正式播映前做了暖場。辯士口若懸河的解說影片中的情境，獲得民眾如雷的掌聲，為冬日的夜裡注入一股暖流。直到十二點的鐘聲響起，才由陳東海致閉幕詞。《臺灣民報》有一篇文章〈美臺團影片好況〉記錄著：「兩天的觀眾不下一千三百餘人。」這兩天在清水觀音亭看電影的人數相當可觀，可說場場爆滿。廟裡面容慈祥的觀音，看著芸芸眾生渴求知識之際，似乎也感受到了美臺團的啟蒙精神。

清水觀音亭現在外觀（潘翰德提供）

地址｜臺中市清水區大街路 206 號（今為紫雲巖）

交通方式｜自清水火車站出站，之後以站外公共自行車至紫雲巖。

地點簡介與現況｜主祀觀世音菩薩的紫雲巖，建於清康熙年間，當地民眾習慣稱為「觀音亭」，是中部地區重要的信仰中心之一。紫雲巖歷史悠久，曾多次翻修整建。1972 年，為了配合臺中港的興建，紫雲巖決定擴大重建事宜，歷經八年才完成。煥然一新的紫雲巖，更在廟口的正對面興建文化大樓，以結合當地的文化、觀光等，成為清水知名的景點。從紫雲巖的正殿後走，有一座奇山假石、小橋流水共構而成的小花園，園中有座自乾隆 43 年所留下的古碑，記載中臺灣開拓史事。名聞遐邇的紫雲巖，吸引許多遊客遠道而來，是當地重要的文化景點。

彰化
南投篇

和美鎮

和

61

鹿港

臺南車站

彰化縣

樂觀園戲院

秀水

福興鄉

埔鹽鄉

溪湖　1

61

二林鎮

二林蔗農事件紀念館

二林仁和宮

臺灣文化協會彰化支部

賴和文教基金會暨賴和紀念館

彰化市公會堂

彰化座

彰化市

霧峰座

霧峰林家萊園

花壇鄉

草屯炎峰青年館

3

國立臺灣工藝研究發展中心

76

草屯鎮

社頭鄉

南投縣

天公壇

臺灣第一女權團體

天公壇與彰化婦女共勵會創立大會

　　彰化終於有一個姐姐妹妹可以互相交流的團體了！只要認同「改善陋習及振興文化」宗旨的女性都可自由參加。大家呼朋引伴，準時在 1925 年 2 月 8 日下午一點，一同在體仁醫院彰化分院參加「彰化婦女共勵會」的創立大會。楊詠絮振奮的宣布組織成立，而潘貞則詳細的報告創立經過，這群受新式教育的彰化知識女性笑逐顏開。這是臺灣第一個女權團體，《臺灣民報》有篇報導寫著：「在婦女運動連片影都沒有的臺灣，彼實在是將來的臺灣婦女運動的先聲。」四十多名的會員有不少人也參加臺灣文化協會，她們的團體獲得同樣是彰化人的莊垂勝、王敏川支持。

　　同年盛夏，她們自覺成立半年後，應該要讓大家知道目前的成果，所以在天公壇舉辦一場大型的演講會。她們在現場販售手工藝品籌措共勵會的基金，而擔任職務的潘蘊真、李梨等接力登臺演講。眾多人潮把天公廟的廣場擠得水洩不通外，即使她們內心有些惶恐緊張，但為邁開了婦女運動史上的第一步。

　　就在成立滿一週年時，彰化街長楊吉臣的三男楊英奇和潘貞想要乘船到廈門展開新生活，而地方豪門吳家後輩的吳進緣，剛滿十八歲，不想接受媒妁之言，於是大家相約一起搭船遠行。這些年輕男女不告而別的風聲走漏了！家長們想盡辦法到打電話到基隆港攔截。共勵會因為這次的「自由戀愛事件」而宣告解散，才讓這場騷動平息。

彰化市俗稱天公壇的元清觀（黃小蛋提供）

地址｜彰化市民生路 207 號（今為元清觀）

交通方式｜自彰化火車站的大門走出後，沿著前方的光復路走，並右轉民
生路直行，即可在右側抵達元清觀。

地點簡介與現況｜位於民生路上的元清觀，即為當地俗稱的天公壇。元清
觀建於 1763 年清乾隆時期，由彰化當地民眾集資創建，
是臺灣唯一以觀為名，並供奉玉皇大帝的寺廟。建築
主體的木造結構精美，廟中的交趾陶及石雕等充分展
現民間藝術的絕佳技藝。而廟裡的古匾古碑甚多，深
具文獻價值。元清觀曾於 2006 年遭祝融，而後於 2010
年 12 月重修完成，目前為國定古蹟。

賴和醫院

勇士當為義鬥爭
和仔仙與他的醫院

　　一名從埔里步行來醫院就醫的原住民婦女，因罹病而顯得身體羸弱，賴和看診後除了配一大包藥，還大方提供車資並囑咐她從臺中搭車回埔里，以免加重病情了！剛好到醫院找賴和的李篤恭全都看在眼裡。

　　「賴和醫院」是賴和 1917 年自嘉義回到彰化所建。醫院每天都有近百人出入。許多來看病的貧農、民眾無法支付醫藥費，賴和體恤他們，讓他們寫下藥費借據，到了年末，賴和看到如果有還未還款的借據，他就會燒掉，不讓這些民眾「欠錢過年」。在黑暗的時代裡，賴和為這些民眾點燈照路，他們的感謝之情溢於言表。

　　賴和的住家與醫院相連，方便了他得以來回穿梭看診。1921 年，賴和開始參加臺灣議會設置請願運動，並受同為臺灣總督府醫學校畢業的蔣渭水之邀，擔任臺灣文化協會理事一職。

　　自此，賴和行醫之餘，更投入文化政治運動，而醫院和住家也就更形熱鬧了。在彰化待了一陣子的楊逵，時常去賴和家走動。客廳裡有一張長方形的大桌子，總擺著好幾種報紙，楊逵說。「不管先生在不在，我們都是自己進去，自己看報，自行討論，自行離去。」賴和也看到殖民現代化對臺灣人民生活的影響：「時代說進步了，的確，我也信它很進步了，但時代進步怎地轉會使人陷入不幸的境地去？啊！時代的進步和人們的幸福原來是兩件事。」夜裡，賴和依然點著燈，將這些所感化成小說詩文創作，處理《臺灣民報》的編務，修潤新秀作家的投稿文章，成就臺灣文學園地。

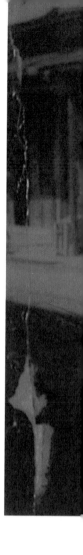

賴和在家鄉執業的醫院（賴和文教基金會提供）

地址｜彰化市中正路一段 242 號

交通方式｜自彰化火車站的大門走出後，沿著前方的中正路一段直行，步行約 1 公里後，即可抵達往昔為賴和醫院的所在地。

地點簡介與現況｜賴和醫院是賴和在故鄉行醫和生活的重要場所，原是棟黑瓦屋頂的日式建築，由於鄰近市街，位於交通要道上，隨都市變遷改建成大樓。1995 年，賴和長孫悅顏在賴和醫院的原址籌畫興建「和園」大樓，並在第十層樓成立「賴和紀念館」。1997 年，賴和紀念館搬遷至對面大樓第四層樓。賴和文教基金會和紀念館同於此地，持續至今。

音樂

彰化公會堂

日治最強音樂巡演
彰化公會堂與鄉土訪問音樂團

　　民眾看著「鄉土大演奏會」海報上的小提琴，彷彿能感受到悠揚的旋律自耳邊穿過。這是 1934 年溽暑最大的音樂盛事，等候已久的民眾莫不欣喜期待著。這個音樂會由楊肇嘉領軍的「鄉土訪問音樂團」登場，1934 年 8 月 11 日至 19 日分別在臺北、新竹、臺中、彰化、嘉義、臺南、高雄等地巡迴演出七場。

　　參加這次巡迴音樂會的音樂家有鋼琴演奏的林進生、高慈美等，而江文也則擔任男中音。江文也在會場中有一首獨唱演出，並由陳泗治伴奏。當他們來到彰化公會堂演出時，擔任女高音的林秋錦，因為出生彰化，而對這裡倍感親切。能夠回到臺灣表演，是何等的開心的事！這些年輕音樂家藉由音符串起對故鄉的愛戀。在《臺灣新民報》協力宣傳下，獲得臺灣人熱烈的迴響。

　　他們的琴韻歌聲，不僅陶醉了在場的臺灣人，也擄獲了日本人的心。每一處的演出，來參加的聽眾都是人山人海。「其盛況不能說是『絕後』，但是確是『空前』了！各報章雜誌均以頭號字標題譽為成功的盛舉，咸認為對臺灣社會藝術的啟發具有歷史上的價值。」身為團長的楊肇嘉，相當肯定這次音樂會的巡迴演出。巡迴結束後，這些年輕音樂家相約出遊，為這次的演奏會留下美好的休止符。

24.0790 6.120.54546

彰化公會堂近照（趙守彥提供）

地址｜彰化市中山路二段 542 號（今為彰化藝術館）

交通方式｜自彰化火車站出站後，步行即可抵達彰化公會堂的所在地。

地點簡介與現況｜竣工於日治時期 1933 年的彰化市公會堂，是當時民眾集會的場域，提供開會、演藝、集會、開會、展覽等公眾活動的用途。這是一棟兩層樓的磚造建築，外觀以幾何圖形呈現簡樸風格。戰後，公會堂改名為中山堂，曾一度做為彰化縣議會辦公空間。2005 年整修後，則由彰化藝術館使用，由彰化市公所管理與維護，並登錄為歷史建築。

彰化座

不服來辯！

彰化座與全臺雄辯大會

　　自從 1921 年臺灣文化協會創立以來，八卦山下的彰化座一直是文協舉辦演講的重要據點。這裡平常是民眾看電影、新劇、聽演講的集會空間，由於文協會員日益增多，而成員中又有許多人來自彰化，賴和與許嘉種於 1924 年 6 月 17 日成立了臺灣文化協會彰化支部。或許是治警事件入獄二十多天的經驗，對賴和影響甚大，他深深覺得在戴聽診器行醫之餘，應更為積極參與臺灣的政治和文化運動，才能改變臺灣民眾的生存處境。他結合林篤勳、陳英方等醫師聯合義診，試圖協助貧困的民眾。

　　1926 年正值盛夏的 8 月裡，賴和與同為彰化人的吳石麟，在彰化座舉辦為期兩天的政治演說會，並強力支持在東京的彰化留學生所組成的「礦溪會」，回臺主辦「全島雄辯大會」。這一年是東京留學生們回臺演講的高峰期，知識青年紛紛站上臺，眼神炯炯、滔滔不絕的說著自己對臺灣文化的想法。那激昂的演說，將啟迪民智的文化講演推向最高潮。

　　然而，1927 年文協左傾後，吳石麟幾乎成為新文協的要角，擔任新文協左翼路線刊物《臺灣大眾時報》的董事。吳石麟因為經常於街頭舉行演講會爭取農民權益，所以時常被日警逮捕。只要每一次的演講，能啟蒙更多民眾就好了！即使冒著反覆出入警署的風險，也無法改變他立下的決心。

24.07684, 120.54574

1926 年在彰化座舉辦的政談演説會（賴和文教基金會提供）

地址｜彰化縣彰化市公園路一段 46 號一帶（今為全家便利超商八卦山店周邊）

交通方式｜自彰化火車站出站後，步行至八卦山牌樓，即可抵達彰化座。

地點簡介與現況｜「彰化座」是臺灣文化協會在彰化活動的場域，也是新劇巡迴演出的據點。彰化座可説見證了日治時代彰化新劇、文化運動的重要空間，為當地民眾帶來新奇的體驗。彰化座的所有者是曾任彰化街長的李崇禮，並由任職彰化銀行的兒子李君晰經營，父子兩人的政商關係良好。彰化座原址即在現今武德殿斜對面，現為全家便利超商周邊。即使時空遞嬗，仍可看見彰化座和地方的連結。

樂觀園戲院

來去樂觀園看怪獸

文協「活動寫真」巡迴放映

　　行經文武廟後，再往前走沒多久，就是樂觀園戲院了！鹿港民眾自從樂觀園開始營業後，再也不用趕時間驅車前往到彰化市區的戲院看戲了。

　　竣工於 1932 年的樂觀園戲院，由鹿港天后宮前北頭漁村的李态枝和哥哥一起經營，李家在人潮絡繹不絕的街上開設碾米廠及雜貨店，商號為「李和成」。李态枝經商有成，卻總想著要在貿易繁盛的鹿港，做更多角化的經營。兄弟倆原本想投資製冰廠，不過在日本政府的鼓勵下開設了戲院。占地三百多坪的樂觀園戲院，可容納兩千多人，在開幕的第一天，就聘請日本天華技術團登臺演出，轟動一時。因此，只要農閒時，民眾就會提著油燈趕往樂觀園看戲。

　　樂觀園戲院是當地民眾的休閒娛樂場所，也成為了美臺團巡迴放映活動的所在地。1933 年 5 月 2 日至 3 日，美臺團的成員提著器具來到樂觀園戲院，早已獲得消息的民眾已迫不及待進場觀看。這次美臺團放映的電影分別是《猛獸テンビ》與《真紅文字》，大家透過白色方形的銀幕上放的電影，和自己認知的世界產生聯繫，那樣的新奇感受，對鹿港民眾來說相當有意義，而 5 月 8 日的《臺灣新民報》上也報導這次巡迴放映活動大獲好評。這裡是民眾休閒娛樂所在，也是接收新知的驛站，樂觀園為鹿港點起了一盞名為通向世界的燈。

1927 年 1 月 4 日臺灣文化協會活動寫真部記念（國立臺灣文學館典藏）

地址｜復興路與鹿草路交叉口

交通方式｜自彰化火車站出站後，轉乘客運至鹿港鎮，下車後步行即可抵
達樂觀園戲院舊址。

地點簡介與現況｜樂觀園戲院是鹿港的三大戲院之一，和民族路的興南戲
院、亞洲戲院並稱。樂觀園戲院成立的時間較早，當時
聘請日籍建築師設計，是臺灣早期的鋼筋水泥建築。隨
時代變遷，1970 年代樂觀園結束營業，而後拆除半邊
建築，改建成公寓大樓；另一半邊則在 90 年代也被完
全拆除，做為停車場持續至今。

和美座

福爾摩斯本人到和美！
美臺團在和美座

　　美臺團團員密集的到彰化各地巡迴放映，場場爆滿，迴響甚大。這次來到和美，途經廣袤的稻田時，頓時視野遼闊，近日的忙碌感頓獲紓解。經過和美公學校後，再過去一點就是和美座了，團員進入戲院內準備放映事宜，戲院外的人潮則陸續湧進。

　　在這 5 月的農忙時節，民眾聽聞美臺團來到和美，早已預留時間前往看戲。進入戲院坐定，美臺團音樂響起，大家一同哼唱，場內氣氛逐漸熱絡。這次放映的影片是《猛獸テンビ》和《真紅文字》，民眾一邊試圖理解默片的影像時，辯士一邊侃侃解說內容，那精采動人的解說，獲得如雷掌聲。

　　1933 年 5 月 8 日，在《臺灣新民報》上有一篇文章如是記錄著，這次的巡迴放映自 5 月 2、3 日鹿港樂觀園開始，4、5 日則再到彰化座播映，最後於 6 日於和美座放映，每一場的放映過程皆深獲大眾好評。堅持就有結果、辛苦必有收穫，奔波各地的美臺團團員，看見觀眾收穫滿滿的表情，一點也不覺得累了，反而注入了更多豐沛的能量。和美座為和美當地農村帶來繁榮景象，更提供了民眾娛樂的去處，而美臺團的到訪，更是引起熱議。待民眾散場歸家後，美臺團的團員們又開始討論著下一次的放映行程和地點。

本社囑託美臺團巡

社　告

迴電影、本豫定五月
六、七兩日在和美座
開映、茲因種々關係
短縮一日、即定本六
日午後七時在前記場
所開映、希望讀者諸
產多數往觀、特此公
告

臺灣新民報社

臺灣新民報社公告將在彰化和美座播放巡迴電影（翻拍自 1933 年 5 月 8 日《臺灣新民報》）

 地址｜彰化縣和美鎮義勇街 20-36（今為民宅住家）

交通方式｜自彰化火車站出站後，轉乘客運至和美，下車後步行即可抵達
和美座的所在地。

地點簡介與現況｜創立於 1926 年的和美座，由彰化南門的陳充恭發起，
整體空間坪數約有二百六十六坪，而建物本身占了
一百二十五坪，共可容納六百人。和美因為和美座劇
場的設立，以及市區改正中的道路拓寬計畫，日漸熱
鬧。而和美座不僅成為美臺團巡迴放映之地，更與當
地民眾的日常有緊密的連結。

臺灣文化協會彰化支部

臺灣文化進步的創造精神

王敏川與文協彰化支部

　　1927 年 1 月，自從文協分裂後，《臺灣民報》社內左翼人士紛紛掛冠求去，成為新文協領導人之一的王敏川，也不例外的辭去職務。對於大家認知上的歧異，王敏川早有所感，也深知必須採取更為激進的方式才能對抗日本殖民政府，因此文協分裂後大家各自分道揚鑣，是不得不的選擇。王敏川為了劃清界線，和鄭明祿退出了《臺灣民報》，後由蔡培火統攝社內的事務至同年八月。

　　或許是彼此的緊張關係到了極致，耳語、批評幾乎成了這幾個月裡的訊息。蔡培火在日記寫下：「民報社內且更早就已經因為王敏川、鄭明祿和謝春木不合，致使王敏川、鄭明祿出社，脫離關係，四處宣傳民報社的壞話。」因為遭受眾人質疑，《臺灣民報》的銷量下滑，營收不佳，蔡培火內心更顯無奈。

　　王敏川為此不斷左思右想著，畢竟文化運動是不可滿足於現狀的，最重要是創造的精神，不滿足才有創造的精神，才會得到豐美的成果，他把這些想法寫成〈從事文化運動的覺悟〉。王敏川以臺灣文化協會彰化支部為據點，並於 1928 年 3 月 25 日創辦《臺灣大眾時報》，即使受總督府不少阻撓，但是王敏川仍藉此管道發表文章宣揚政治與文化思想，並積極投入演講活動。他那熾熱澎湃的心，為彰化農工等階級的民眾，照亮了暗黑時代裡的出口。

臺灣文化協會成員合影，右一是賴和，右三是王敏川，左三是施至善，三人合稱「彰化三支柱」
（賴和文教基金會提供）

臺灣文化協會
彰化支部

長壽街

中正路一段

長興街

永安街

地址｜彰化縣彰化市長壽街 100-134 號（彰化市北門外 204 番地）
交通方式｜自彰化火車站出站後，步行即可抵達長壽街。
地點簡介與現況｜賴和與許嘉種於 1924 年 6 月成立臺灣文化協會彰化支
　　　　　　　　部，不僅設立讀報社，也結合林篤勳、李君曜、陳英
　　　　　　　　方等醫師實施義診，協助經濟弱勢民眾。同年文化協
　　　　　　　　會第四回總會，就在彰化支部召開。彰化支部的成立，
　　　　　　　　為當地的知識分子注入了一股活力，影響甚鉅。原址
　　　　　　　　現為信義里長壽街一帶。

二林蔗農事件紀念館

學甘蔗站直直

李應章與二林蔗農事件史料館

李應章，二林小鎮的醫師，畢業於總督府醫學校，曾參與臺灣文化協會的創立，擔任文協理事。1923 年，回到故鄉二林開設「保安醫院」。行醫之餘，亦積極投入地方事務和農民運動。

李應章除了在醫院內診療外，也常以自備的先進交通工具（機車），四出外診，而他不時聽聞農民忿忿不平的討論著「林本源製糖株式會社」收購蔗糖的價格過低。面對鄉親受剝削，李應章深覺不對勁，於是和同為臺灣文化協會的會員劉崧甫、蔡淵騰、陳萬勤、詹奕候等人，組織「二林蔗農組合」，開啟臺灣農民運動的先河。

團結是最大的武器，李應章心裡有了定論。他為此還創作了〈甘蔗歌〉，為的就是呼籲農民團結。這首歌詞不長，而且淺顯易懂，每位蔗農都能琅琅上口。隨著農村講演與宣傳，二林地區幾乎家喻戶曉，甚至成為二林蔗農組合聚會時必唱歌曲。「種作甘蔗無快活，風颱大水驚到大。燒沙炎日也得行，一點蔗汁一點汗。咳喲喲，有蔗無吃真壞命。」李應章毫無懼色地，當庭承認〈甘蔗歌〉是他所編寫的，甚至義正嚴詞的說出他想要教農民唱出被剝削的心聲。審判長看著李應章裡直氣壯的模樣，內心很不是滋味，直接將此列為煽動蔗農引起紛擾的證據之一。二林事件被捕入獄時，家中被燒毀，父親又因病逝。李應章看著獄中滲入的月光，低頭沉吟許久，但他知道絕對不會就此屈服。

週刊

臺灣民報

臺灣人唯一之言論機關　於星期日定期刊行

大正十五年九月十二日發行

第一百二十二號

二林事件公判號

△農民組合與蔗作爭議△

☒二林事件的考察……公判餘話☒

▷……被告人審問……檢察官論告……辯護人辯論……◁

農民組合與蔗作爭議

臺灣農民組合的成立、以蔗農協會爲濫觴、而農民的爭議、又以蔗作爭議爲嚆矢、所以那二林爭議可以看做代表二百餘萬農民的利害。一方面願明現在社會組織之偏於少數資本家、他方面証明農民已不容其再和從前一樣維持下去！正是「萊知秋」的了。

最缺少的社會教育、而最高於傳統觀念的農民、能共同一致的緣故、不消說是他們的生活條件已經降到飢餓線下、不能維持其口腹、任他們終日勞苦、猶不能改善絲毫。因爲這生活不安的共同利害、遂使他們爲生存計、擯除一切的阻碍、而毅然嶄然一致團結的了。或說是一二社會運動家之煽動的、未免太不識時勢之推移了。我們考察這回蔗作爭議的經過、我們確信是林糖當事者的不識時勢、林糖當事者想要依舊不講價錢的威勢手段、雖遇有二三社會運動家提倡反對、若藉警官的威勢、那多數的農民便唯々諾々了。本來資本家要和勞働者利益相沾才對的、藉警官威嚇農民算是第一層的錯誤哩。

以爲擁護官警威嚇農民的懲請、以爲擁護少數資本家、便是維持公共的秩序增進社會一般的幸福、未必太無責任。單々起訴了農民、將其他的責任者和警官未必全無責任。者和警官未必全無責任。單々起訴了農民、而林糖當事者置之不問。到底是否適當之處置呢？我們倘且對於做嫁投罪之点、不得不抱著無限的疑問了、若是把他做嫁投罪看、其他的責任者置之不問、恐怕農民終沒有出脫的日子了。微弱的農民對於他們正當的權利、若不以多數團結之力、怎能實現他們正當的權利呢？

我們最盼望賢明的判官話公、對此純然的小作爭議事件、以公平冷靜的態度判斷、而下了適合時勢的判決就是了。

二林事件公判號 《臺灣民報第 122 號》

地址｜彰化縣二林鎮斗苑路五段 22 號（二林國小內）

交通方式｜自員林火車站出站後，轉乘客運至二林鎮，下車後步行至二林國小。

地點簡介與現況｜位於二林國小內的二林蔗農事件文史館，是二林鎮的地標。這棟建築興建於 1938 年，原為校長宿舍。建築主體為木造，但結構穩固，現況依然完好。二林事件現場立有紀念碑，而這棟建築則做為蒐藏二林事件相關史料的據點，皆見證臺灣農民運動的起點。二林蔗農事件文史館和鄰近的天主教堂、武德殿等形成二林文史區域，為當地記錄下歷史及文化變遷的過程。

仁和宮

敢在神明前剝削農民
仁和宮與二林蔗農事件

走進仁和宮裡，便能望見佇立庭中的天公爐香煙裊裊，將信徒燃香禮拜的期許帶向天空。仁和宮是二林善男信女日常祈求心靈慰藉之地，常年香火鼎盛。

走出廟的大門外，穿過熙來攘往的街上，不遠處就是「保安醫院」。1925 月 1 月，在李應章和詹奕侯、劉崧甫四處奔走下，決定仁和宮廟埕前召開農民大會。是日，成立「二林蔗農組合」，而李應章則被推舉為組織的領導人。當時有四百多名蔗農參加活動，將仁和宮擠得水洩不通。而後只要每逢「二林蔗農組合」集會時，李應章便會從醫院步行到仁和宮的廟埕前，和這些辛苦揮汗種田的蔗農共商對策。

李應章創作了〈甘蔗歌〉，想要藉此喚起蔗農的共同心聲，為後續反抗剝削的二林事件播下種子。1925 年 4 月 19 日，李應章邀請臺灣文化協會的領導人林獻堂到二林，舉辦演講會。林獻堂抵達仁和宮時，當地不分男女老少，全都興高采烈前來迎接。家裡有鑼的拿鑼，有鼓的拿鼓，更有人在一旁放鞭炮，二林民眾以喧鬧的聲音開啟這天演講的序幕。演講會原本只能容納三、四百人，但是現場的人數竟超過十餘倍，足見林獻堂這次到訪二林演講的影響力既深且廣了。

23.89922, 120.36795

地址｜彰化縣二林鎮中正路 58 號
交通方式｜自員林火車站出站後，轉乘客運至二林鎮，下車後步行至仁和宮。
地點簡介與現況｜建於清治時期的仁和宮，是二林當地歷史最悠久的媽祖廟。到了日治時期，由於二林的街上日漸繁榮，仁和宮的空間已不堪使用，經地方人士提議後重修整建，此次工程奠定了今日廟貌。仁和宮雖歷經數度重修，但仍保留精美的雕工，不失其建築的歷史意涵。廟宇的整體空間簡單而典雅，是二林地區民眾的信仰中心。

二林仁和宮現景（仁和宮提供）

仁和宮的古文物石雕公斗（仁和宮提供）

二林蔗農組合創辦人之一李應
章（文化部國家文化記憶資料
庫典藏）

草屯炎峰青年館

我不是在會館，就是在前往會館的路上

在炎峯青年會館與世界接軌

1927 年冬日，由連溫卿主導的新文協改組後，洪元煌、李春哮、洪承箕等人就醞釀著出走的心。洪元煌因為身兼草鞋墩信用組合監事、媽助圳主事，更是「炎峰青年會」的成員，人脈其實相當廣闊，也逐漸浮現在文化運動的舞臺上。但這也成了他較為頭疼的問題。畢竟世間的難題就是如何在複雜的人際之間游刃有餘，他自知雖然退出新文協，但是平日的婚喪喜慶仍會遇見立場不同的人，姿態放軟一些或許會更好？

炎峰青年會是日治時期最精實的青年會之一，洪元煌透過百坪之大的會館，辦理不少文化講座等活動，而且這裡不只辦講座，更嘗試與世界接軌，聘請德國教師開「語學研究會」。如果在地的年輕人不在家，都可能前往炎峰青年會館了。

1928 年 10 月 28 日，臺灣民眾黨的巡迴政談講演隊，就在炎峰青年會館舉辦大型演講，門內門外聚集了蜂擁的人潮，盛況空前，卻也惹來了警察的注意。吳萬成激昂的說道：「大家都要有政治常識才行。」警察一度大聲吆喝制止，現場民眾卻不斷鼓譟。洪元煌見狀，趕緊出來調解安撫警察的情緒，紛爭才落幕。而聽講的民眾，即使受到干擾，仍澆不熄內心對文化、政治的渴求。

23.97984, 120.68661

地址｜南投縣草屯鎮青年巷 1 號（今為草屯鎮聯合里辦公處）
交通方式｜自臺中火車站轉搭客運至草屯工藝中心，步行即可抵達。
地點簡介與現況｜1926 年落成的「炎峰青年館」，由洪元煌、李春哮等人籌設，另有李春盛、李昌期捐贈百坪土地興建，會館設置讀報社、撞球場等設施。這個場地提供了炎峰青年會舉辦演劇、演講等活動，是當地農民運動、社會運動的重要據點。炎峰青年會館已拆除，現址改建為一棟民宅，設立草屯鎮聯合里辦公處，協助草屯民眾相關事務。

恭 賀 新 年

正 月 元 旦

竹山郡竹山庄福興七八番地

張 牛

賀 正
竹山庄四六六番地
裕 源 商 行

賀 正
臺中市寶町
陳 田
及時華吳服商

賀 正
南投郡草屯庄
炎峰青年會

（ 102 ）

炎峰青年會的賀歲廣告（翻拍 1925 年《臺灣民報》提供）

南投縣工藝研究班

生活裡的工藝，工藝裡的美學

顏水龍與南投工藝研究班

　　就落腳在霧峰吧！顏水龍將霧峰當作故鄉，也認為住在這裡也可以常想起既是恩人也是義父的林獻堂。他心裡默默許下誓願，開始自己買地設計房子，而往霧峰另一邊望去，就是山嵐環抱的南投了。顏水龍時常回想起自己從國外留學返臺後，就對百姓的生活美學特別關注，於是他相繼成立「南亞工藝社」、「東亞工藝社」、「細竹產銷合作社」等，逐漸的對臺灣工藝及各種傳統工藝了解甚深。

　　到了戰後，顏水龍在政府「以農業培養工業，以工業發展農業」的發展方向中，找到了自己可以發揮的空間。1954 年，他在草屯成立「南投縣工藝研究班」，培育更多的人才投入工藝創作。

　　顏水龍逢人就說：「想要提升生活品質，我們應該要從美化生活開始啊！」雖然時代不一樣了，但是顏水龍深知心中一直涵養著日治時期的林獻堂和文協所給予的文化啟蒙養分，讓他在創作西畫之餘，更想透過自己的作品喚起臺灣人對在地工藝的重視。顏水龍投入工藝的世界，也把自己的靈魂鑲進每一幅色彩繽紛的馬賽克壁畫裡。

顏水龍所著的《臺灣工藝》（國立臺灣歷史博物館提供）

 地址｜南投縣草屯鎮中正路 573 號（今為國立臺灣工藝研究發展中心）
交通方式｜自臺中火車站轉搭客運至草屯工藝中心。
地點簡介與現況｜1954 年成立的「南投縣工藝研究班」，主要配合政府「以農業培養工業」政策而設立，並由顏水龍為工藝研究班的主任，是臺灣手工業的基礎。1959 年再改制為「南投縣工藝研習所」。歷經多次的改組後，最後形成今日的國立臺灣工藝研究發展中心，園區內共有五大展館，分別為工藝文化館、生活工藝館、工藝設計館、工藝資訊館及地方工藝館。

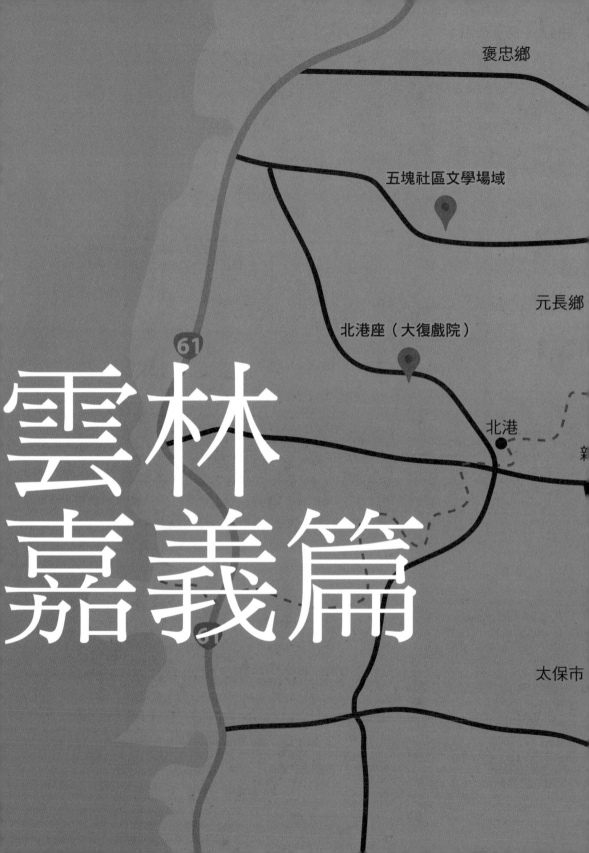

褒忠鄉

五塊社區文學場域

元長鄉

北港座（大復戲院）

北港

太保市

雲林
嘉義篇

斗南鎮

1

3

雲林縣

古坑鄉

東新座

大林

嘉義縣

溪口鄉

隆榮商店
（張文環故居）

民雄鄉

3

嘉義公會堂舊址

文藝聯盟嘉義支部

南座

水上鄉

1

電影　文學

北港座

戲院裡的文化精神

北港座與臺灣民眾黨北港支部

新戲院要開幕了！看戲不用再跑到斗六或西螺去了！

1927 年 9 月，熱鬧的北港街上，鄉親們興奮地奔相走告，有間戲院「北港座」即將開幕。新戲院的老闆是龔丕趁，一向熱衷於地方事務，他覺得北港這麼熱鬧的地方，每年三月迎媽祖，全臺各地香客、陣頭跟戲班都會到北港來刈香，怎麼會沒有一個正式的表演空間給鄉親看戲呢？於是龔丕趁從年初開始籌建，終於在年中落成，提供當地新劇、胡撇仔、布袋戲及歌仔戲的表演舞臺，並訂在 9 月 17 日作為開幕式。

而當地一位很有名望的醫生林麗明，與蔣渭水是好友，在北港也開了一間「大安醫院」，同時也非常積極協助臺灣文化協會的活動。林麗明在 1927 年成立了北港讀書會和讀報社，臺灣民眾黨成立之後，更進一步成立了北港支部。因此後來林麗明就偕同仕紳蔡少庭，跟北港座龔老闆商量，請他將北港座借來作為宣傳民主思想的空間。

於是北港座開幕十天後，就舉辦了盛大的臺灣民眾黨北港支部成立大會，當晚還舉辦了「政談講演會」，介紹民主與政黨政治的基本概念，讓臺灣人自決的精神遍地開花。

北港讀報社發會式（蔣渭水文化基金會提供）

大復戲院現貌（MediocreVisitor 提供 , CC BY-SA 30）

地址｜雲林縣北港鎮博愛路 155 號（大復戲院）

交通方式｜從民雄火車站出搭乘客運到「北港朝天宮」，再步行抵達大復
　　　　　戲院。

地點簡介與現況｜北港座成立於 1927 年 9 月，戰後改名為大復戲院。於
　　　　　　　　1960 年代改建為現貌，1992 年停業後閒置多年。2009
　　　　　　　　年登錄為雲林縣歷史建築，2016 年重新整修，於 2019
　　　　　　　　年 5 月完工，未來預計整備為地方文化展演空間。

蔡秋桐故居

保正兼導遊，帶地方媽媽南部觀光

蔡秋桐故居

　　1931 年夏天，天還沒亮，元長庄五塊厝的廟口，就有一群媽媽姊姊們，精神飽滿地在廣場上集合。原來是當地的保正要帶她們到臺南跟高雄去旅行。平常除了刈香，沒什麼機會離開北港的她們，看起來比要參加畢業旅行的小學生還興奮。

　　這位年輕又熱心的保正叫做蔡秋桐（1900-1984），才不到三十歲，已經是糖廠的地方原料委員，以及保甲聯合會的會長，是北港元長一帶的名人。這位保正會帶鄉親組團旅行，旅費由他包辦，說是要讓鄉親開拓眼界。1930 年帶大家去北部，第二年甚至開了婦女團，帶媽媽姊姊到南部參觀，在當時算是個驚人的創舉。

　　蔡秋桐不僅擔任地方公職，熱心參與地方公共事務，更是個文藝青年。他在 1931 創辦了文學雜誌《曉鐘》，目標希望促成臺灣文藝的大眾化，以及傳播新知識。他也經常以臺灣話文寫小說，揉合幽默荒誕的隱喻來諷刺時事，作品有〈放屎百姓〉、〈理想鄉〉與〈新興的悲哀〉等篇，都是關心底層農民的生活，以及對日本殖民體制提出深沉地控訴。戰後蔡秋桐擔任第一任元長鄉鄉長，但 1953 年遭到白色恐怖迫害而坐牢，晚年便封筆不再創作。

蔡秋桐故居前書有其小說名稱的
九根立柱（陳淑容提供）

蔡秋桐故居（陳淑容提供）

地址｜雲林縣元長鄉五塊村中土路 10 號（現為五塊社區文學場域）
交通方式｜搭國道客運到北港，轉乘公車抵達「溪底」站，步行抵達「五
　　　　　塊社區文學場域」。
地點簡介與現況｜原址為蔡秋桐先生故居，建築保存完整，目前為私人民
　　　　　宅。前面空地由元長鄉五塊社區發展協會規劃為「五塊
　　　　　社區文學場域」，於 2016 年左右整修完畢。

文學　　音樂　　美術

嘉義公會堂

用音樂串連日本與臺灣

鄉土訪問團在嘉義公會堂的音樂巡演

　　八月盛夏夜晚，從嘉義公會堂華麗的大廳裡，傳出美妙的鋼琴聲。舞臺上正在彈奏的是鋼琴家陳泗治，演唱的是年僅 25 歲的女高音林秋錦，她演唱的是威爾第歌劇《吟遊詩人》裡的〈火焰在燃燒〉，雖然天氣悶熱，但臺下聽眾們仍然聚精會神地聽著她的嘹亮歌聲，心情隨之起伏，如癡如醉。

　　之所以會有這場音樂會，是因為在日本唸書的臺灣留學生們創立了「臺灣同鄉會」，在成立大會上，曾就讀於早稻田大學的楊肇嘉提議：是否請學音樂的同學，利用暑假的時候，回臺灣辦一場巡迴音樂會？這個提議獲得所有人一致認同，於是楊肇嘉就在 1934 年 8 月中的時候，組成「鄉土訪問團」，由他擔任團長，帶著林秋錦、江文也、林澄沐、高約拿及陳泗治等年輕的音樂家們，在各大城市進行為期十天的「鄉土訪問大演奏會」巡迴演出。隔年臺灣中部發生大地震，政治運動家蔡培火再度號召這些音樂家，舉辦了「震災義捐音樂會」。這兩次的巡迴音樂會，可以說是啟迪了各地臺灣人對西洋音樂的認知，具有時代性的意義。

1929 年的嘉義公會堂（國立臺灣大學圖書館提供）

 地址｜今嘉義中正公園（嘉義市榮町 2 丁目 36 番地）
交通方式｜自嘉義火車站步行至嘉義中正公園。
地點簡介與現況｜ 1920 年嘉義公會堂落成，內部有一間當時臺灣最大的
　　　　　　　　　餐廳。戰後改為中山堂，1989 年遭拆除，現址改建為
　　　　　　　　　「中正公園」。

文學　　美術

文藝聯盟嘉義支部

客廳就是半個文壇
林文樹宅與臺灣文藝聯盟嘉義支部

　　1934 年 12 月，在《臺灣文藝》雜誌上，一群「臺灣文藝
聯盟嘉義支部」的同仁們寫下成立宣言，吹響了南臺灣文學運
動的集結號角：「我們敢先一步出發去開墾這到處充滿了荊棘
而荒蕪的臺灣文藝園地……於從這荊棘中而幼稚的，臺灣文藝
園地開拓一個繁榮的文藝園地來！」

　　臺灣文藝聯盟是臺灣第一個全島性的文學團體，也是全臺
灣所有文學家的大集合，本部設立在臺中。當時嘉義的文學愛
好者徐玉書認為：嘉義是如此人文薈萃的地方，有這麼多藝術
家，應該要成立一個文藝聯盟的分部。於是在徐玉書、鄭盤銘
及林快青人等奔走下，臺灣文藝聯盟嘉義支部終於誕生了。

　　當時地方上有一名仕紳叫林文樹，非常支持公共事務。
林文樹的家族是日本時代的嘉義首富，他的父親林寬敏交遊廣
闊、樂善好施，林文樹也繼承了父親的個性，積極地參與地方
的公共事務。1934 年臺灣文藝聯盟嘉義支部的座談會活動，也
是在林文樹的家中舉行。

　　當時嘉義的藝術家林玉山與陳澄波等人，也參與了臺灣文
藝聯盟的活動，陳澄波甚至還幫聯盟的雜誌《臺灣文藝》繪製
過封面（二卷 2 期），嘉義支部的成立，可為嘉義藝文界的一
大盛事。

文藝聯盟嘉義支部主催座談會紀念前排坐者右起，楊達、郭水潭、王登山；左二張星建，
左三蔡秋桐，後排左四為林文樹（國立臺灣文學館典藏）

 地址｜嘉義市西區民族路 452 號
交通方式｜自嘉義火車站步行抵達。

地點簡介與現況｜支持文聯嘉義支部的林文樹，其
洋樓位於今日嘉義市文化路與民族路交叉路口，民
族路 452 號。現址已被拆除改建為成衣商場（NET）。

電影

（新）南座

用超譯電影推廣新社會意識

美臺團在南座

　　來喔來喔！文化協會要在南座放電影喔！

　　在 1926 年 10 月 16 日，初秋的嘉義街頭，市民們奔相走告，說是臺灣文化協會的蔡培火，買了先進的電影放映設備，成立「活動寫真隊」，要在臺灣各地巡迴放映電影。

　　而本次嘉義的放映地點，是在臺灣人經營的「南座」，放映片單有《母與其子》、《北極動物之生態》與《北極探險》等等，都是活動寫真隊從國外進口來的有趣影片。

　　這次的放映活動，入場一次要 10 錢（當時一般電影門票大約是 1 圓左右），活動總長卻有四小時，可以說是非常划算，所以吸引了大量民眾前來觀賞。

　　到了晚上七點左右，千餘名市民已經在紅毛井街上排隊，將戲院附近擠得水洩不通，打破了南座開館以來的入場紀錄。

　　講解電影的「辯士」，是著名的盧丙丁跟林秋梧，有時候他們講解的內容，卻往往帶有社會意識，也不時試探日本政府的言論限制界線。例如放映《北極探險》的時候，辯士提到西藏被英國帝國主義所控制，在旁邊監視的日本警察非常敏感，一言不合就高喊「辯士中止」（停止解說），群眾也群情激憤，差一點引起衝突事件。在那個年代，要好好看一場電影，也是不容易的事情啊。

日治時期嘉義三大戲院之一的南座（翻拍自《嘉義市制五周年記念誌》）

地址｜嘉義市東區民族路 328 號

交通方式｜自嘉義火車站步行抵達。

地點簡介與現況｜日本時代的嘉義三大戲院之一——南座，建於 1920 年，
1931 年後於原址附近改建，戰後改名成為「國民戲
院」。1990 年停業，1998 年遭大火燒毀。2016 年開始，
重新建造為「in89 豪華嘉義影城」，預計於 2021 年 11
月開始營運。

電影

先唱團歌再看戲

美臺團在東新座

　　大林，位於嘉義最北邊的小鎮，過去叫做大莆林。日本時代的時候，這裏興建了大林糖廠（1913 年），小鎮越來越熱鬧，一度成為嘉義「首富之區」。到了戰後，國軍的新訓中心座落於附近的中坑營區，因此大林的小鎮風景，也成為了許多男生服役時的難忘回憶。

　　大林火車站前的中山路上，有一棟不起眼的老建築，上面掛著「賜生會館」的破舊招牌。然而你若問到附近的居民這地方以前的歷史，他們或許會興高采烈的跟你分享，這是大林第一間戲院「大林戲院」（日本時代叫東新座），旁邊的小巷子，以前叫做戲園仔巷，是居民跟阿兵哥排隊看戲的地方，當年電影開演前，周圍萬頭攢動，熱鬧非凡。

　　蔡培火的「美臺團」也曾經到東新座來放過電影，根據1933 年《臺灣新民報》記載，美臺團曾經在 6 月 20 日到大林庄東新座巡迴放映。有趣的是，美臺團在放映電影之前，工作人員都會先唱蔡培火的「團歌」，有些熟悉的觀眾也會跟著一起大合唱，第一段歌詞是這樣寫的（請用臺語讀看看）：

　　美臺團，愛臺灣，愛伊風好日也好，愛伊百姓品格高。

　　長青島，美麗村，海闊山又高，大家請認真，生活著美滿！

東新座現址（王嘉玲提供）

地址｜嘉義縣大林鎮中山路 15 號
交通方式｜自大林火車站步行抵達。
地點簡介與現況｜東新座為嘉義大林地區第一間戲院，戰後改名為「大林
　　　　　　　　戲院」。今日大林戲院原建築已經不復存在，原址為
　　　　　　　　一棟四層樓含頂加的樓房，名為「賜生會館」。一樓
　　　　　　　　作為攤商經營使用。

新港座

智識營養不良症的心靈藥方

美臺團在新港座

1933 年 6 月，電影放映隊「美臺團」來到新港奉天宮後的電影院「新港座」放映電影。

美臺團怎樣的組織呢？最早在臺灣文化協會剛成立的時候，蔣渭水寫過一篇文章〈臨床講義〉幫臺灣社會進行診斷，他認為臺灣社會是患了「智識營養不良症」，解方就是要盡可能推動社會大眾的教育。到了 1925 年，文協成員蔡培火的媽媽過生日，他們家收到了各界禮金，共約四千多圓（在當時是一筆大數目），因此蔡培火就利用這筆錢，去購置當時最新穎的電影設備，買了許多國外的電影，用來推廣文化啟蒙運動。

文協也成立專門的「活動寫真部」，組成了兩支巡迴放映隊，由盧丙丁與林秋梧等人擔任「辯士」，到臺灣各地放映電影，在放映過程中，辯士往往還會「加料」，講述政治相關的事情，使得電影經常放到一半「擦槍走火」，被日本警察制止。後來蔡培火將放映隊取名為「美臺團」，美臺團非常受歡迎，光是 1927 年就巡迴放映了 94 場，場場爆滿，前後竟高達三萬多人次到場觀影。

可惜 1927 年蔡培火等人離開文協，拒絕移交放映設備給新文協，另外創立了美臺團。到了 1933 年，蔡培火又再度振興了美臺團，還寫了團歌，每次放映之前就會全場大合唱，鼓舞臺灣人的士氣。當年美臺團來到嘉義新港座放映電影，同樣也吸引不少當地民眾到場觀賞。

新港座現址（王嘉玲提供）

新港戲院售票亭（王嘉玲提供）

盧丙丁與謝春木及林秋梧合影
（國立臺灣文學館典藏）

地址｜嘉義縣新港鄉宮後街 25 號

交通方式｜自民雄車站，轉搭客運至新港奉天宮，步行抵達新港戲院。

地點簡介與現況｜新港座建於 1929 年元月，戰後改名叫做新港戲院，至
1988 年後結束營業。目前建築本體完整，門口的售票
招牌都還留存。但因閒置已久，目前亟待整修活化。

張文環故居

傳統社會與父權的閹割隱喻
張文環故居與《閹雞》

「嘿，嘿，嘿嘟一隻鳥仔哮啾啾，哮到三更半暝，找無巢，吼嘿吼……」

　　1943 年 9 月 2 日晚上，在大稻埕「永樂座」的舞臺上，演出厚生演劇會的新劇《閹雞》。正當換幕的時候，臺上合唱團唱起哀淒的臺語歌謠〈一隻鳥仔哮啾啾〉，引發觀眾濃烈的愁思。這首歌是《閹雞》的原作者張文環嘉義老家的民謠，請作曲家呂泉生改編而成。張文環在臺下聽著家鄉的民謠，心神為之搖蕩，他想起了故鄉「梅山」，那是一座被雲霧與竹林所環繞的寧靜山村，也是他文學創作的靈感源泉。

　　《閹雞》這齣劇作，描述女主角月里，嫁給了街上富商的兒子阿勇，但後來阿勇家道中落，人也變得殘廢痴呆。月里不願向命運屈服，努力要追求自主的情感與人生。劇中「閹雞」的隱喻非常具有深意，對於張文環、林摶秋及演劇社的臺灣青年來說，公演《閹雞》，以及合唱民謠〈一隻鳥仔哮啾啾〉，或許反映出當時臺灣人追尋自我價值的深層意識吧。

　　但沒想到《閹雞》演出到一半，戲院突然停電，演出嘎然而止，幸好有人拿出手電筒充當照明，勉強讓戲劇可以進行下去。導演林摶秋事後才知道，原來是因為劇中出現大量的臺灣民謠，在太平洋戰爭期間，這是不合「國策」的事情，所以燈光被強制關掉了。事後林摶秋只好跟呂泉生商量，將原本的臺灣民謠都改成日語愛國歌曲，才讓之後的表演場次得以順利進行。也因此《閹雞》那一場配合臺灣民謠的首演，也就成了臺灣戲劇史上的永恆經典。

厚生演劇會劇作《閹雞》的劇照（國立臺灣文學館典藏）

 地址｜嘉義縣梅山鄉太平村 17 號

交通方式｜自大林火車站轉搭客運至「梅山老街」，下車後步行抵達張文
　　　　　環故居。

地點簡介與現況｜張文環故居現地為「隆榮商店」，為張文環親戚經營的
　　　　　　　　老雜貨店，於 1945 年開始營業，已有七十幾年歷史。
　　　　　　　　目前隆榮商店二樓整修為張文環文學館，一樓做商店使
　　　　　　　　用。

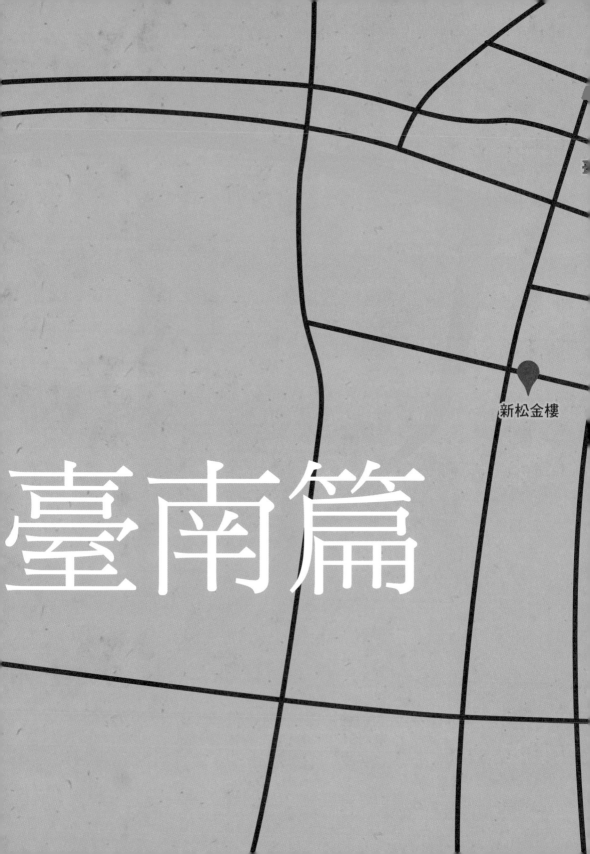

新松金樓

臺南篇

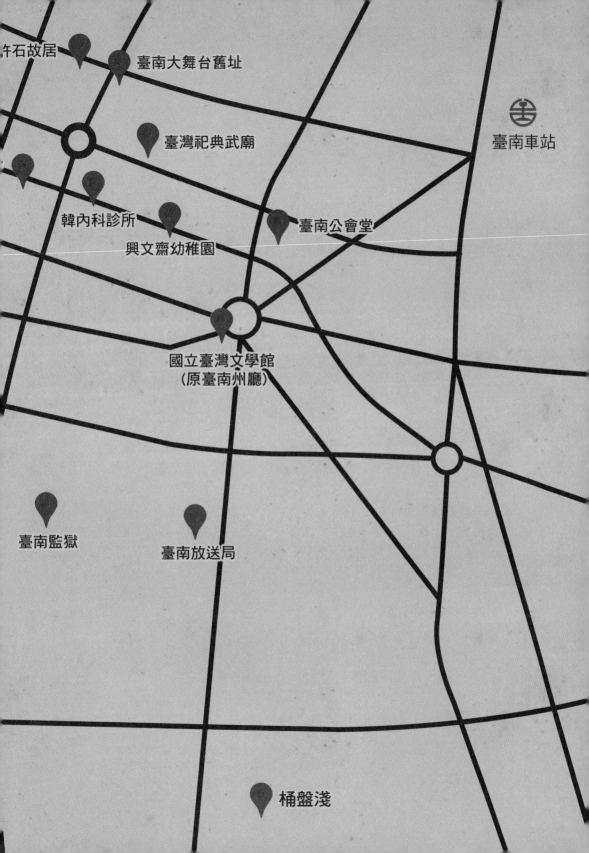

臺灣文化協會臺南本部

南北港町有文協

蔡培火與文協臺南本部

日本大正時代，位於永樂町的醉仙閣酒樓，是臺南市最豪華的餐廳之一。1923 年 10 月 17 日下午兩點半左右，陸續來了許多紳士，氣質談吐都很斯文。醉仙閣的藝旦們非常好奇，打聽之下，原來這是「文化協會」的會員大會，將近有六十名成員從各地來到臺南聚會，討論未來的會務方向。

會上一開始，臺北的蔣渭水宣佈辭去專務理事的工作，由臺南的蔡培火接任（這兩人都是文協的核心支柱，號稱「南火北水」）。蔡培火也將文協本部搬到臺南來，地點就先放在臺南「港町」，恰好蔣渭水的文化講堂也設於臺北港町，因此「南北港町」就成了臺灣文化啟蒙運動的空間象徵。

這次會議上，蔡培火雄心壯志，跟諸位同志擬定了諸多未來方向，包括將《臺灣民報》定為協會的機關報、在各地成立更多「讀報社」、開設通俗講習會、在林獻堂的家裡舉辦「夏季學校」、呼籲尊重婦女人格、舉行寫真會、音樂會及文化演劇會活動等，最後蔡培火還順勢推了「普及臺語白話字」的決議。而臺南的在地菁英，也熱情響應文協的活動，除了蔡培火之外，林茂生、連橫、林秋梧、陳逢源及韓石泉等人，都非常積極地到各地講演，推動臺灣人的啟蒙意識。

22.99618, 120.1984

地址｜（臺南市港町一丁目 13、15 番地）
交通方式｜自臺南火車站出來後，轉搭客運至永樂市場。
地點簡介與現況｜臺灣文化協會臺南本部為蔡培火的活動地點，位於國華街靠永樂市場附近，但詳細原址已經不可考。

臺灣文化協會成員在臺灣文化協會臺南本部前合影（國立臺灣文學館典藏）

祀典武廟

武廟裡面不可動武
在武廟教臺灣白話字的蔡培火

臺南祀典武廟位於赤崁樓及大天后宮旁邊，週邊有武廟肉圓、義豐冬瓜茶、度小月及福泰飯桌等小吃，是來臺南旅遊不可錯過的景點。然而，在將近一百年前，祀典武廟不僅只是府城居民的信仰中心而已，也是臺灣文化啟蒙運動重要的據點之一。

蔡培火認為，臺灣人當時大部分都說臺語，但是臺語卻沒有官方文字，只有教會使用的「羅馬字」，因此他認為臺灣文化若要向上提昇，一定要讓民眾普遍學習「白話字」（以拼音書寫臺語），有了文字，傳遞文化思想才會便利。於是蔡培火寫了《十項管見》一書，用白話字介紹最新的科學與思想，並致力在民間推廣白話字書寫。

1929 年 4 月 27 日，蔡培火選在祀典武廟成立「臺灣白話字第一回研究會」，共三期的課程。一期有兩週，每一期有將近 90 人參加，而其中有 40 人是女性，招生狀況算是不錯。

歷史上的祀典武廟，不僅只有開班授課而已，還可以進行社會運動。1927 年文協分裂後，左翼的新文協，以及蔣渭水領導的臺灣民眾黨，還有支持工運的臺南仕紳盧丙丁、王開運及韓石泉等人，都以武廟作為勞工運動的宣傳據點。當時還曾發生臺灣民眾黨在武廟裡面演講，新文協在廟前廣場辦活動，互相較勁拼場的空前盛況。下次大家來武廟參觀，也別忘了這裡曾經發生過熱血澎湃的文化與勞工運動。

日治時期臺南祀典武廟舊照片（國立臺灣大學圖書館提供）

臺灣白話字第一回研究會紀念會員合照（國立臺灣文學館典藏）

22.99665, 120.20226

 地址｜臺南市中西區永福路二段 229 號

交通方式｜自臺南火車站出來後，轉搭客運至赤崁樓。

地點簡介與現況｜祀典武廟興建於明鄭時期（1665 年），祭祀武聖關羽，
清朝時期定為官廟，故名「祀典武廟」（臺南新美街另
有一座歷史悠久的「開基武廟」）。1927 年曾經大幅
整修過，現在祀典武廟為國定古蹟，為臺南著名宗教與
旅遊景點。

興文齋書局

連日本人也搖頭的五不政策

現代武訓林占鰲和他的興文齋書局

　　你可能知道印度的聖雄甘地，曾經以和平為精神的「不合作運動」來對抗英國殖民政府，不過你知道臺南在一百年前，也曾經出現一名「臺灣甘地」嗎？他宣傳「五不主義」——不穿和服、不說日語、不讀日文書、不改日本姓名、不賣日文書刊。還曾參加左翼運動，讓日本政府感到非常困擾。

　　這名臺灣不合作運動的發起者，叫做林占鰲，他是臺南人，年輕時受到蔡培火啟發，產生了強烈的民族意識。他在 1919 年開設了「興文齋書局」——是臺灣最早期的書局之一。林占鰲希望可以透過振興臺灣文化，來對抗殖民政權；另一方面，林占鰲也是左翼運動者，他與莊松林、盧丙丁與林秋梧等人一起創立宣揚社會主義理念的《赤道報》，也大力支持「赤崁勞動青年會」。

　　林占鰲後來受到王受祿、蔡培火與高再得等人的感召，受洗成為了虔誠的基督教徒。戰後，臺灣發生二二八事件，林占鰲發揮其宗教精神，利用書局的地下室，庇護了許多外省人。後來他也出地出資，協助外省人田崑山與李正和等人創辦了「崑山中學」（1961 年）及「崑山工專」（1965 年），因此他又被人稱為「現代武訓」。林占鰲的兒子林宗正牧師，也是著名的臺灣民主運動與獨立運動的參與者。

　　興文齋書局在 1985 年的時候結束營業，由長媳接手，改建為興文齋幼稚園，秉持林占鰲的精神來辦學。今天在民權路上，可以看到一棟門口掛著海豚、海龜等可愛招牌的幼稚園，就是興文齋的舊址。

林占鰲先生於興文齋書局（林宗正提供）

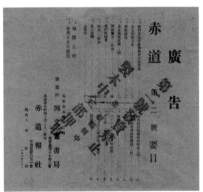

《赤道報》第二號停止發刊（莊明正提供）

地址｜臺南市民權路二段 152 號 1 樓及民權路二段 275 號（今興文齋幼稚園）

交通方式｜自臺南火車站出來後，轉搭客運至興文齋幼稚園。

地點簡介與現況｜興文齋書店是臺灣最早的書店之一，創辦人為林占鰲與林宣鰲兄弟。是日本時代臺灣文化運動與左翼運動著名根據地。1985 年結束營業，由林占鰲後人改為興文齋幼稚園，營運至今。現在的幼稚園門口掛有海洋動物的可愛招牌。

桶盤淺

在運動場上見證歷史
廢墓事件與臺南市綜合運動場

　　很久以前，大南門以南，是一大片墓園，從城門口延伸到桶盤淺，一望無際，甚至可以遠眺內海的沙丘，蜿蜒的竹溪穿過，一座老禪寺座落其中。從府城建城以來，始終寧靜而安祥。

　　日本人來了，1910 年代規劃臺南的「市區改正」，要將市區擴張到南門以外，決議廢掉原本的墓園，改建為臺南女中等學校。臺南人看到祖先墳墓被強制遷移，雖然不滿，但無可奈何。

　　1928 年 5 月，總督府以慶祝昭和天皇登基為由，決定強遷桶盤淺與桂子山的墓園，興建「體育場」。公告貼出來，一個月內民眾必須自行遷移墳墓。數量多達上萬座。臺南市民不忍了！趁著臺灣社會運動風氣正盛，市民奮起抗議，蔡培火、王萬得、盧丙丁、洪石柱及莊孟侯，新文協、民眾黨的成員都站出來高聲反對。雖然幾次抗爭後，官方暫緩遷葬計畫，但許多參與抗議的人士卻遭酷刑取供入獄。即為臺南的「廢墓事件」。不久的 1931 年，總督府仍然重啟了興建計畫，兩年後，體育場竣工。

　　2021 年中華職棒 32 年的開幕戰、統一獅對戰中信兄弟象，總統及市長蒞臨現場開球，現場座無虛席，喊聲震天。就是這座體育場的後續歷史。不遠的竹溪河堤旁，寧靜的竹溪寺仍在，見證這座熱鬧的球場在一百年前由古早墓園轉生而來，也見證反對興建球場的臺南仕紳遭官方逮捕而坐牢的歷史。

臺南墓地限期改葬
民眾黨再警告州市當局
州市當局皆聲明本意

臺灣民眾黨臺南支部幹部，對臺南市南門外桶盤淺及鹽埕公用墓地廢止問題，異常注意，前日曾訪問臺南州內務部長、警告其慎重辦理。至去九月十五日臺南州報告示第二百一號，「已決定將二十餘甲墓地，整理上限於三年十二月三十一日改葬。且須改葬於公用墓地云。這個二十餘甲的廢墓地內，據現在的調查所到，有葬於的墓地數一千五百餘、無葬的墓地數一萬三千左右。

民眾黨臺南支部代表蔡培火、王受祿、韓石泉、盧丙丁諸民，為要即日其辦法，即於九月十七日、先訪市當局、調查其內容的辦法。從其所發表辦法、爲要充作第二高等女學校寄宿舍，及官舍的建築組合而辦建築組合之山崎氏、亦應召到辦事處作室解釋。桑原市助役于此事、一々詳細說明，皆聲明絕對沒有區劃、及山崎某。倘其有帶政策的色彩、有所租到、曾案內爲有詐欺嫌疑、乃調查其內容的辦法。

地的主幹者爲警察的緣故。內井部長應時接面、代表們因石井部長應時接面、先問幾何幾何因早問己近中午、先問問幾何幾何因後、就提出要求、且警告其不得輕視民意。其提出的要點爲左列四條：

1、對墓地的改葬、州市當局雖然聲明補助費、唯欲不得過厚、對于貧窮者須有標準、大概是一律而定。對此點當局尚重考慮、大概是一律而定。

2、改葬期日爲十二月三十一日、雖然還有三個月、惟照墓地的廣大、而謂二三星期、那是不大要緊。鑛牲臺灣人的墓地、爲計云。

內地人有組織店舖促成會、其意謂說不外要建築日本內地人本位的市街、末廣町及前前滯邊、再揮二個大將鄭廓查看不放手、機續毒打、打々這種人打死。且放言說、這種人打死不要緊、即放殘酷、如各種政策、這樣差別內地人、而集中內地人於一地方、那是杭治上的重大問題、絕對沒有這種事情開山町派出所、在派出所附近。

但總不要因此而肥腹小部分的野心權利家、或是依或情爲難看到這個情景的人很多、在要看到這個情景的人很多、在要步行到開山町派出所途中、機續毒打、打々這種人打死。且放言說、這種人打死不要緊、即放殘酷、如各種政策、這樣差別內地人、而集中內地人於一地方、那是杭治上的重大問題、絕對沒有這種事情開山町派出所、在派出所附近、鄭巡查被打倒後、在派出所附近、曾某被打倒後、已經不下數十次、皆同情的人很多、終沒有法子。然觀望的人、已經不下數十次、皆（人事不省）狀態。目見這個情景之人「莫不感覺其淒慘、可憐

本島人市民。答說、這件事一定沒有、勿論是誰都能够利用、固這種道理。

4、內地人有組織店舖促成會、其意謂說不外要建築日本內地人本位的市街、末廣町及前前滯邊、再揮二個大將鄭廓查看不放手、機續毒打、打々這種人打死。

觀眾傷心慘目的
巡查毒打被...
打倒昏迷還...

屏東街民會在前科數犯之一、以後市民的經過報告。某、年三十五歲、出生地爲東港地方。前日流到臺南、忽被某某新町派出所勤務巡查鄭某人、曾案內爲有詐欺嫌疑、乃於九月十日午前被鄭巡查喚到其家、意欲逮捕他、其時關係事主亦在、曾某不知如何、並且呼哦、出所前面、聽說他不來情數次、其內容如何、但終被奔走巡...

以後市民斷爲僞病、沒有什麼內病、或是致傷、所以沒有給粥吃。

目、鄭巡查口說曾某假死々々、一心頗着急、乃喚人力車將他載到警察署、其他醫師亦認定曾某陷于人事不省、將他注射一次、果然不久蘇生起來。可是醫師不省、將他注射一次、果然不久蘇生起來。立刻鄭巡查曾某假死於人。其時吳醫師亦認定曾某陷于人設太過殘酷、多是看得傷心慘地惡報告大會、近日特開臨時地方會、決定特派特別員、一々報告市民的地方。民眾黨臺南支部、尤其是該進行能够照其所說、自然沒有何等的問題。民眾黨臺南支部、由來顧念臺南市民、決定特派特別員、一々報告市民的地方。

臺南市的臺灣府城大南門，由內城與外城（月城）組成（國立臺灣歷史博物館提供）

1928年9月23日《臺灣民報》刊登「廢墓事件」的相關報導（引自《臺灣新民報》第227號）

22.97825, 120.20577

健康路一段
南門路
臺南市立棒球場
桶盤淺
體育路

地址｜臺南市體育路10號（今臺南市綜合運動場）
交通方式｜自臺南火車站出來後，轉搭客運至臺南市立棒球場。
地點簡介與現況｜ 1928年5月，日本人在規劃在健康路與南門路交叉路口一帶，強制遷移墳墓，興建棒球場、游泳池及大型運動場，作為昭和天皇登基紀念慶典之用。1931年後，棒球場、體育場及競馬場陸續落成，但戰爭期間體育場及競馬場被改建為海軍宿舍群（水交社），棒球場仍持續使用至今。

韓內兒科

診斷社會痛楚，療癒文化舊疾
韓石泉的韓內兒科

　　若是有到臺南旅遊，到赤崁樓吃小吃的時候，也別忘了到新美街、民權路附近散步。民權路上有一間外觀很特別的診所，叫「韓內兒科診所」，古典雅正的建築外牆，綠色植被圍繞其上，剪裁成了愛心的形狀，令人感到可愛又溫馨。

　　這間診所的歷史也很有份量，其創辦人是參與臺灣文化協會的韓石泉醫師，與同樣信仰基督教的蔡培火及王受祿，三人並稱文化啟蒙運動的「臺南鐵三角」。

　　韓醫師自總督府醫學校畢業業後，返回故鄉臺南行醫。文協成立時，韓石泉大力贊助，擔任理事，還因為治警事件遭到警方逮捕。後來與王受祿、黃金火與蔡培火等人籌組「臺南文化劇團」，推廣文化劇運動。1927 年文協分裂後，加入蔣渭水的臺灣民眾黨，擔任中央委員，持續參加各項社會運動，例如臺南反廢墓運動等。

　　戰爭期間臺南市區受美軍空襲，醫院遭炸毀，長女韓淑英擔任女子救護隊，值勤時被炸死，年僅 18 歲，韓石泉強忍悲痛，在原址重建韓內科診所，繼續行醫濟世。戰後，韓石泉擔任「二二八事件處理委員會臺南分會」的主任委員，積極居中協調，避免臺南市的流血衝突擴大，然而因為涉入政治紛擾，事件後便退出政壇，專心行醫及興辦教育，不久後創立了私立光華女中。1963 年韓石泉醫師腦溢血過世，四子韓良誠回鄉接手韓內科診所，行醫至今。

二戰期間臺南受美軍空襲，醫院遭炸毀
（韓石泉家屬提供）

韓石泉、王受祿和蔡培火—「臺南鐵三角」（韓石泉家屬提供）

22.99589, 120.19995

地址｜臺南市民權路 2 段 297 號
交通方式｜自臺南火車站出來後，轉搭客運至赤崁樓，再步行至韓內兒
　　　　　科。
地點簡介與現況｜韓內兒科診所是由韓石泉醫師創立，1928 年開幕，二
　　　　　戰中曾遭到空襲炸毀並重建。1963 年韓石泉過世，診
　　　　　所由四子韓良誠接手營運至今。韓內兒科後院設有韓
　　　　　石泉醫師相關的展示室，可供民眾參觀。韓內科現為
　　　　　臺南市名人故居。

臺南大舞臺

臺灣第一間現代戲院

臺南大舞臺

1925 年臺南西門町的大街上，一群民眾正在戲院「大舞臺」外興沖沖地排隊，想一睹歌仔戲班「丹桂社」公演《山伯英台》的舞臺魅力。不過當時通俗的歌仔戲在劇院裡演出，算是史上頭一遭，所以當天演出之後引發熱議，許多衛道的人士批評歌仔戲內容傷風敗俗，不過批評歸批評，歌仔戲卻空前受到歡迎，各地戲院皆邀請丹桂社前往表演。

提到臺南「大舞臺」是當時臺灣數一數二的大戲院，最多可容納兩千八百多人，是第一間由臺灣人出資建造的現代戲院（建造於 1911 年）。

早期大舞臺大多提供中國戲班來臺表演，但大舞臺的經理蔡祥頗有經營的眼光，他發現臺灣本土新興的歌仔戲越來越受歡迎，所以出資成立了歌仔戲班丹桂社，首度讓戲班進入劇院公演。

而後來臺南仕紳黃欣也為了提倡文化啟蒙運動，成立了「臺南共勵會」，設有講演、體育、教育、演藝四個部門，其中演藝部大力推動「文士劇」（由地方文青參與演出，藝文氣息濃厚的新劇），甚至黃欣為了讓共勵會有表演的舞臺，因而投資了大舞臺，成為股東，讓文士劇可以固定在大舞臺公演。例如 1928 年的時候，共勵會上演了中國知名導演侯曜的作品《復仇的玫瑰》，還有知名的劇作《誰之錯》及《少年維特的煩惱》等。

大舞臺不僅見證了臺灣各式戲劇的誕生，也是文協「活動寫真隊」的首映地點。1926 年 4 月 4 日，蔡培火跟文協的辯士們就是從大舞臺出發，展開了近百場的電影巡迴放映之旅，大大開拓了臺灣人的眼界。

軍火、則未有條例以阻止之勢、工黨戴爾敦致詢、據近日某遊客之報告、美意法三國輸往中國之軍火已大增多、張伯倫答曰、但此非英人也、張伯倫又答某議員之詢問、謂渠不欲對於此事採行任何積極辦法、工黨貝克特稱、於天津外人租界、於是奉兵得行動便利、擊敗國民軍、而佔據天津、英政府據採何種行動、以期尊重中國主權、而免外人干涉中國內政、張伯倫答稱、政府已向天津英總領事調查、據領事呈還、英租界距天津華界頗遠、故上述事與英租界無干、英領事與國民軍司令曾交誼頗好、三月二十三日該司令會告知英領事、國民軍遵照北京發出之通電、自行退去、由此觀之、似無外人干涉情事、就英政府方面而言、確無干涉行為云。

國主權自息內爭、英國下院詰問、謂渠非可通用各邊界、不至無辦法時、閒列強許張作霖部下便衣兵士匪、分海陸、則渠不欲對於此事採行……英國參加……當可使工……希望在北京參加合作、當……帝國人安寧、渠……外人安寧、渠……至無辦法時、……駐北……英國下院詰……英伯倫稱……報告、……

維持鐵路、張伯色、乃國內戰爭、則適達反列強聯合行為、就協定政策、且可、英政府不……後可、英政府不……國人彭壁森稱、取締條例、海內運……取締條例、海內軍火供……工黨彭壁森稱、國人勿以軍火供……難在他地入入……

文協活動寫真隊
先由臺南開演
呈未曾有之大盛況

這回蔡培火氏、由東京帶回來的活動寫真、乃是文協重要的事業中、專為社會教育起見的。他所買的劇本、業經臺北、臺南兩州廳檢閱過了。茲定四月四日及五日、於臺南大舞臺演起、然後要巡回島內各處。那兩夜、均各觀眾滿園、大概有二千數百名。那兩夜、更延期一夜、觀眾之餘地、依然也是如此。這個好人氣的理由、一、民眾對文協的好感、二、入場料僅定十錢、使他們容易擔負得起。三、民眾的智識慾很旺盛。臺南頭一回的人氣這樣的好、可見文協活動寫真隊的事業、已有博意外好成績的希望了。

內臺人差別的
入學考試

高雄中學違背着一視同仁

本誌昨年末、於八十三號的社說、有道及高雄中學歷年來的入學考試、對待本島人學生沒有公平的事實、以促當局者的反省。不料三月廿八日、於高雄的入學考試中、在黑板上明々有寫着

（　5　）

1926 年 4 月 25 日《臺灣民報》刊載文協活動寫真隊在臺南大舞臺開演的新聞（引自《臺灣民報》第 102 號）

22.99884, 120.20108

成功路　新美街　臺南大舞台　慈聖街　西門路二段　郡緯街　赤崁街

地址｜臺南市西門路二段 402 號
交通方式｜自臺南火車站出來後，轉搭客運至西門路三段口即可抵達。
地點簡介與況｜臺南大舞臺誕生於 1911 年，是第一間由臺灣人出資興建及經營的戲院。1941 年改名為「國風戲院」，1945 年臺南大空襲期間遭到炸毀。1947 年之後重建，1970 年代改為保齡球館、銀行與婚紗店等，皆營運不善關門，目前為閒置狀態。

臺南放送局

困境洗禮，展現美聲

林氏好臺南放送局巡迴演唱

「日落西，愛人猶母來，憂悶在心內。可恨這現代，現世間不應該，迫阮對遮來。我欲出頭天啊！何時猶母知。我的愛人啊，世間像大海，心肝抨在全船，破浪駛上岸頂來。」

蔡培火將一塊 78 轉蟲膠曲盤放在蓄音器（留聲機），曲盤緩緩轉動，流洩出林氏好演唱〈紅鶯之鳴〉的悠揚歌聲，他閉上眼睛靜靜聆聽，深受感動，蔡培火心裡計畫著：他創作的歌曲〈咱臺灣〉，若是要錄製成曲盤，主唱一定要找林氏好才行。

林氏好是出身於臺南的女歌手，丈夫是盧丙丁，臺灣文化協會及臺灣民眾黨成員，是臺南非常活躍的社會運動家之一。但不幸在 1928 年之後盧丙丁開始出現漢生病的症狀，也逐漸退出社會運動第一線的陣容，同時民眾黨又被迫解散，蔣渭水繼而過世，夫妻兩人陷入了極大的困境。

但林氏好沒有被困境擊倒，她天生有著美妙的嗓音，於是她到臺北參加

「古倫美亞唱片」的甄選，脫穎而出。林氏好以一首〈紅鶯之鳴〉歌曲出道，受到民眾廣大歡迎，於是繼續發行了《一個紅蛋》等專輯，1934 年更推出了蔡培火創作的民族樂曲《咱臺灣》曲盤，成為臺灣第一代的流行音樂歌手。

1932 年，位於府城大南門城邊的臺南放送局（廣播局）剛落成，立刻邀請林氏好回臺南演唱，果然林氏好的歌聲風靡全市，於是放送局又多次邀請她去唱歌，1935 年林氏好舉辦個人巡迴演唱會，最後一站也是選在臺南放送局。不過就在歌唱事業最巔峰的時候，林氏好決定到日本進修，向聲樂家關屋敏子拜師學藝。

戰後，林氏好成立「南星歌舞團」等，繼續從事藝文的表演與推廣。並協助女兒林香芸成立「林香芸舞踏研究所」，林香芸並與王月霞共同成立「芸霞音樂舞蹈樂團」，即「藝霞歌舞團」前身。

日治時期音樂工作者林氏好獨照（國立臺灣文學館典藏）

22.98628, 120.20378

地址｜臺南市中西區南門路 38 號（今臺南市南門電影書院）

交通方式｜自臺南火車站出來後，轉搭客運至建興國中，再步行抵達。

地點簡介與現況｜臺南放送局建立於 1932 年，負責大臺南地區的廣播事
務。戰後被中國廣播公司接收，作為臺南分臺，直到
1997 年中廣遷出。2001 年指定為市定古蹟，2012 年古
蹟修復完工，並轉形為「南門電影書院」至今，可供
一般民眾參觀。

音樂

許石故居

演繹民間音樂的生命力

臺灣鄉土民謠與許石故居

> 「身穿花紅長洋裝，風吹金髮思情郎，
> 想郎船何往，音信全無通，伊是行船逐風浪……」

　　說到音樂家許石，聽過的人或許不多，但只要唱起〈安平追想曲〉、〈鑼聲若響〉及〈南都夜曲〉等老歌，或許年長一輩的臺灣人都可以輕快哼上幾句。這幾首歌都是許石所譜曲的——其中〈安平追想曲〉的故事非常感人，歌詞描述在安平的海邊，有一名女孩被稱為「金小姐」（因為她頭髮是金色的）。她從未謀面的父親，據說是名荷蘭船醫。金小姐長大後，跟她的媽媽一樣，也愛上了外國船員，每日在港邊遠眺，等待情人回來。這首淒美的歌曲，後來還被多次改編成電影，例如1972年的《回來安平港》，年輕的楊麗花即飾演安平金小姐。

　　許石是臺南人，年輕時到日本學習音樂，戰後返臺，以音樂教學為業，同時發表1950年寫下〈安平追想曲〉，風靡一時。後來他創立「太王唱片」公司，出版個人創作及臺灣民謠，例如從1962年開始整理並發行的《臺灣鄉土民謠》，全套六張唱片、共41首曲目，均由許石團隊採集及編曲，保存並重新演繹了民間音樂的生命力。而他也在1964年創作《臺灣鄉土交響曲》專輯，將臺灣本土音樂推向了另一個藝術的高峰。

　　而許石除了創作之外，在教育領域上也是耕耘有成，他知名的學生有黃敏、文夏、劉福助、顏華與林秀珠等人。為臺灣音樂界播下許多珍貴的種子。許石於1980年過世，享年61歲。到了2018年，臺南市政府將育樂堂改建為「許石音樂圖書館」，紀念他對臺灣音樂的貢獻。

紀念許石的許石音樂圖書館
（蔡亦寧提供）

許石故居現址為私人民宅
（黃阡瑩提供）

許石簽名照
（許石家屬提供）

22.99915, 120.20046

地址｜臺南市中西區慈聖街 81 號
交通方式｜自臺南火車站出來後，轉搭客運至西門路三段，再步行抵達。
地點簡介與現況｜許石故居為許石出生的地方，2016 年由臺南市政府指
　　　　　　　　定為名人故居，現為私人住宅，不對外開放。若要紀
　　　　　　　　念許石，可去公園北路 3 號的許石音樂圖書館參觀。

臺南公會堂

臺灣民族自治運動的聖地

臺南公會堂

　　臺南公會堂華麗的屋頂下，豎立著一排希臘愛奧尼克石柱，高大的拱門透出莊嚴且典雅的氣氛。這一天，公會堂聚集了上百名興奮的市民，前來聆聽著文化協會關於「臺灣議會設置請願」演講。陳逢源以〈臺灣議會的主張〉主題開場，接著韓石泉談〈無視民意的臺灣政治〉，蔡培火高倡設立臺灣議會的理由，屢屢勾動了眾人的熱血情緒，現場呼聲雷動，掌聲不絕於耳。

　　臺灣議會設置請願運動始於 1910 年代，當時許多臺灣的知識人與仕紳接受了現代化教育，認為傳統的武裝抗爭已經走到瓶頸，臺灣人應該在現代法政體系下爭取自己的權益。於是林獻堂、林呈祿、蔣渭水及蔡培火等人籌組了臺灣文化協會，一方面鼓吹文化啟蒙，另一方面組成「議會期成同盟」，希望爭取臺灣的地方自治，設置專屬臺灣人的議會。

　　然而爭取過程十分艱辛，從 1921 年開始，直到 1934 年為止，總計向日本國會請願了十五回，每一回請願都是先在島內集合了數百至上千人的連署，再將請願書送至東京，請國會審議。請願運動歷經了 1923 年的「治警事件」，至 1925 年左右達到高峰，當時文協成員在各地演講，受到熱烈歡迎，且請願之前的送行、到東京時由東京留學生組成的盛大歡迎團，直到回臺後各地的接風大會，場面都是盛況空前的。

　　臺南公會堂不僅見證了民族自治運動的發展，也是重要的臺灣美術空間。戰前的陳澄波、郭柏川、顏水龍、李石樵、楊三郎、李梅樹及廖繼春等人都曾在公會堂辦過畫展，足見公會堂作為公共空間，對於臺灣社會及文化發展之重要性。

1912 年以臺南公館為風景的新年明信片（國立臺灣歷史博物館提供）

臺灣地方自治聯盟臺南支部成立紀念大演說會

一、期日　九月十九日午後七時
一、場所　臺南市公會堂
一、開會辭
　演題並辦士　　　司會者　蔡海樹君
一、關於臺灣地方自治聯盟之創立　王開運君
一、地方自治與民眾生活　楊肇嘉君
一、改革現行地方自治制之一考察　洪元煌君
一、臺灣地方自治聯盟運動方畧　吳萬成君
一、對臺灣地方自治之管見　葉榮鐘君
一、地方自治運動之心得　鄭松筠君
一、未定　劉青雲君
一、未定　莊遂性君
一、未定　吳春霖君
一、閉會辭　高天成君
　　　　　　劉明哲君
主催　臺灣地方自治聯盟臺南支部

臺灣地方自治聯盟臺南支部成立紀念大會在臺南公會堂舉辦（莊明正提供）

22.99437, 120.20595

地址｜臺南市中西區民權路二段 30 號（今吳園藝文中心）
交通方式｜自臺南火車站出來後，轉搭客運至吳園即可抵達。
地點簡介與現況｜臺南公會堂，原本是仕紳吳尚新闢建的「吳園」。1911 年增建了臺南公館，後改稱臺南公會堂，為市民重要的集會場所。戰後更名「中山堂」，一度由軍隊佔領使用。1955 年改為省立社教館，1998 年訂為市立古蹟。2007 年重新整建完工，如今開放給民眾參觀，舉辦各式活動。

新松金樓

同胞須團結，團結真有力

臺灣工人運動與新松金樓

初春近晚時分，新町新松金樓四層樓高的牆上，掛上了「同胞須團結，團結真有力」兩條巨型布條，橫幅掛著「工友總聯盟代表」大字，底下將近兩百多名的工會成員正排列合照，遠遠望去，聲勢浩大無比，給在一旁監視的警察很大的壓力。

這是 1929 年 2 月 11 日，臺灣工友總聯盟舉行為期兩天的第二次全島代表大會，由於借用臺南公會堂場地受阻，只好改到臺南當時最為氣派的餐廳——新松金樓舉行。下午五點大合照時，工總高高掛起了「同胞須團結」等標語，大大鼓舞了所有運動參與者的信心。這場大會結束後，還透過盧丙丁等人協助，在武廟前面也開了兩天的演講會，大談「工人的解放運動」等主題。

1927 年，文協分裂之後，蔣渭水繼續組織了臺灣民眾黨，也在 1928 年成立了臺灣第一個全島性工運團體「臺灣工友總聯盟」，希望透過全臺灣社會運動的「統一戰線」，共同對抗殖民政府及資本家。光是在 1928 年，發動了 19 起工人運動，諸如高雄淺野水泥會社及臺灣製鹽會社的罷工事件等，並且有 65 個團體加盟，共計 7816 名成員，可見臺灣當時社會運動之興盛。

而後，總督府開始大力鎮壓左翼運動，到了 1931 年，臺灣民眾黨更被迫解散，蔣渭水憂憤離世，原本聲勢浩大的臺灣工友總聯盟，也就逐漸沉寂下去。

1929 年 2 月 11 日，臺灣工友總聯盟第二次全島代表大會在臺南新松金樓舉行（國立臺灣文學館典藏）

22.99036, 120.1933

地址｜臺南市中西區大仁街 95 號

交通方式｜自臺南火車站出來後，轉搭客運至康樂街口，再步行抵達。

地點簡介與現況｜日本時代臺南有名的料理名店「新松金樓」餐廳創立於
1923 年，建物本身為當時臺南數一數二的高樓。戰後
持續營運，但 1960 年捲入一場軍人糾紛，遭政府勒令
停業五年。重新開業後業績大不如前，餐廳於是歇業，
並將樓層分租出去，90 年代逐漸閒置。2005 年遭到拆
除，現址為停車場。

臺南監獄

去監獄留學

治警事件與臺南監獄

　　1923 年 12 月 16 日清晨，天還矇矇亮，蔡培火的家門外，突然出現了一群日本警察，猛力敲門並高喊要逮捕嫌犯。蔡培火急忙穿上外套，跟家人交待一些事情，便跟著警察走了。到了警局，才知道原來是今年二月在東京合法成立的「議會期成同盟」，卻因為在臺灣本土進行活動，被臺灣總督府視為非法行為，因此下令逮捕了所有核心成員，將蔡培火與蔣渭水等 41 人逮捕，另有 58 人遭到警方訊問及搜查，最後有 18 人被起訴。

　　這次事件稱為「治警事件」，亦即總督府認為蔡培火等人組織非法團體，違反了臺灣的《治安警察法》，所以將相關成員拘捕起訴。而事件過後，眾人一審被判無罪，檢察官三好一八不服判決，繼續上訴，最終二審改判後定讞，蔣渭水及蔡培火兩人刑責最重，被判四個月徒刑；蔡惠如、林呈祿、石煥長、林幼春和陳逢源則判刑三個月。

　　判刑確定後，蔡培火與陳逢源被關押到臺南監獄。在監獄裡，志士們備受折磨，只能吃最粗劣的糙米飯，飯裡甚至還有碎石跟老鼠屎。但這些志士們沒有因此消沉，陳逢源在獄中讀書，寫下豪邁詩句：「天生身健敵饑寒，人到窮途見膽肝。絕好頭埋書卷底，算來翻合謝秋官。」而蔣渭水也把坐牢形容成「遊學早大」，在牢裡繼續讀書精進。

　　治警事件過後，激起了臺灣人的民族意識，民眾搶讀《臺灣民報》，坐牢的文協成員也被視為英雄，所到之處都受到熱烈歡迎，將 1920 年代的社會運動熱潮，推向新的高峰。

蔡培火獨照（國立臺灣文學館典藏）　　　　　　少年時期的蔡培火照片（國立臺灣文學館典藏）

22.98674, 120.19906

地址｜臺南市中西區西門路一段 658 號（今新光三越臺南新天地店）
交通方式｜自臺南火車站出來後，轉搭客運至新光三越新天地，即可抵
　　　　　達。
地點簡介與現況｜舊臺南監獄興建於 1899 年，1923 年改稱「臺南刑務
　　　　　　　　所」，日本時代曾關押過玉井事件及治警事件的犯人。
　　　　　　　　戰後繼續作為監獄使用，1983 年臺南監獄搬到仁德
　　　　　　　　（臺南高鐵附近），將建築拆除。土地由財團收購後，
　　　　　　　　2002 年改建為百貨公司、飯店及大樓。和意路一側為
　　　　　　　　當時大門，小西門百貨及晶英酒店為當時牢房位置。

佳里公會堂

去鹽分地帶走走，那裡有詩

佳里公會堂與臺灣文藝聯盟佳里支部

「妹妹 妳要嫁去的地方是
白色鹽田 接著藍海
⋯⋯
那邊 有鹽分的
乾巴巴的土地上
沒有森林 也沒有竹叢
然而那邊的海濱
美麗的貝殼像花散亂著」

　　這首浪漫無比的詩〈廣闊的海——給出嫁的妹妹〉（陳千武翻譯，節錄），是由鹽分地帶的浪漫詩人郭水潭所寫。內容描述他的妹妹要嫁給住在北門的丈夫（王登山），哥哥深情贈詩，溫柔筆觸下，衷心企盼妹妹婚姻美滿幸福。

　　臺南的佳里、西港、七股、將軍、北門、學甲等六區，因為靠海，被稱為「鹽分地帶」。1933 年，郭水潭、吳新榮與徐清吉等鹽分地帶的文藝青年，在吳新榮家的小雅園創立了「佳里青風會」，平時聚會聯誼，討論文學與時事。後來郭水潭與吳新榮他們聽聞全島的文藝人士組成了「臺灣文藝聯盟」，非常興奮，於是積極籌組「臺灣文藝聯盟佳里支部」，並於 1935 年 6 月 1 日在佳里公會堂舉行發會式，與會人士除了支部同仁，還有林茂生、楊逵、葉陶及張深切等人到場支持致意。

　　佳里支部的創設，象徵「鹽分地帶文學社群」的確立，鹽分地帶的同仁們都能用日語寫出極其優美的文學作品，而也兼有現實的社會關懷。直到戰後，因為語言轉換及政治因素，許多同仁不再創作，但鹽分地帶仍有濃厚文化風氣，後起文學家如黃勁連、羊子喬、蔡素芬及林佛兒等人承接桂冠。到了 1979 年，「鹽分地帶文藝營」於南鯤鯓代天府舉辦，延續鹽分地帶文學的社會關懷精神。

1935 年 6 月 1 日臺灣文藝聯盟佳里支部在佳里公會堂舉行成立大會（國立臺灣文學館典藏）

23.16468, 120.17765

地址｜臺南市佳里區中山路 458 號（今北門區家庭福利服務中心）
交通方式｜自善化火車站出來後，轉搭客運至佳里站，再步行抵達。
地點簡介與現況｜佳里公會堂興建於 1931 年，為鹽分地帶地區居民重要
公共活動空間。戰後改為佳里中山堂，後來變成國民
黨民眾服務社，90 年代標售出去，拆除改建為民宅及
「北門區家庭福利服務中心」。

麻豆公會堂

有爭議的電影最好看

美臺團在麻豆公會堂的巡映

從麻豆街上遠遠望去，可以看見遠方明治製糖會社高大的煙囪，再望過去就是廣闊的甘蔗田。《臺灣新民報》社內的同仁最近不斷在宣傳，近日蔡培火的「美臺團」要來麻豆公會堂播放電影，據說是一些歐洲的舊電影。不過麻豆當時只有竹仔戲院（野臺戲院），因此對於很多人來說，到公會堂看電影是一件很新奇的事情，而且價格又很便宜，當天公會堂還是擠滿了觀影的人群。

1933 年 6 月，美臺團在臺南地區放映的是《テンビ》（Tembi:A Story of the Jungle, 1929）是一部紀錄片，是野生動物攝影師 Kearton 兄弟的作品，紀錄非洲大陸的動物及人文景觀；還有《海的野獸》（The Sea Beast, 1926），就是梅爾維爾的《白鯨記》，導演是 Millard Webb；至於引起最多爭議的《真紅文字》，是改編自霍桑的小說《紅字》（The Scarlet Letter, 1926），描述的是一名年輕女性 Hester 和牧師的地下戀情，這部電影引發了一些保守人士的批評，認為「獎勵姦淫之嫌」，不過美臺團還是繼續播放。

當年蔡培火寫了〈美臺團團歌〉，在電影播放前會先來個大合唱，而且電影演出的時候，辯士巧舌如簧的解說也非常生動，對於麻豆人來說，確實是一次很難忘的體驗。

現在的麻豆公會堂（王嘉玲提供）

麻豆文化館入口（王嘉玲提供）

 地址｜臺南市麻豆區興國路 11 號（今麻豆文化館）
交通方式｜麻豆沒有火車，對外交通以國道客運較為方便。搭乘國道客運
　　　　　（統聯、和欣）抵達「麻豆轉運站」後，再搭乘興南客運的「橘
　　　　　幹線」至麻豆分局站，下車後麻豆文化館就在對面。
地點簡介與現況｜麻豆公會堂建於 1931 年 8 月，有典雅的山牆及車寄。
　　　　　　　　戰後一度曾作為鎮公所、圖書館及國民黨民眾服務社
　　　　　　　　等用途。後來於 1988 年拆除，改建為四層樓高的「文
　　　　　　　　化館」，目前作為圖書館及藝文展演空間使用。

文學

吳新榮故居

鹽分地帶的文學推手

青風會與吳新榮故居

臺南醫生作家吳新榮
（吳南圖提供）

「同志們喲！從厭世的人生觀之夢醒來，走向建設的社會觀吧！……青生的風是和平的景象，青春的風度，是進步的氣象，建設性的霸氣！那些不久將會以佳里為中心擴大到全部。」

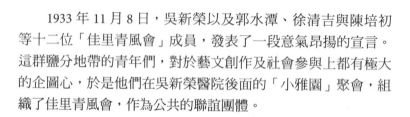

1933 年 11 月 8 日，吳新榮以及郭水潭、徐清吉與陳培初等十二位「佳里青風會」成員，發表了一段意氣昂揚的宣言。這群鹽分地帶的青年們，對於藝文創作及社會參與上都有極大的企圖心，於是他們在吳新榮醫院後面的「小雅園」聚會，組織了佳里青風會，作為公共的聯誼團體。

吳新榮早年曾留學日本，對於社會議題非常關心，曾因參加左翼組織而被逮捕，1932 年東京醫專畢業後，回到故鄉佳里，繼承叔父的「佳里醫院」開始行醫，吳新榮經常在醫院旁的「小雅園」，與朋友們暢談藝文及時事。

吳新榮返鄉後不久，號召地方青年一起組織了青風會。不過青風會成立兩個月，在 1933 年的 12 月 22 日，有兩位成員在餐會上起了流血衝突，而又加上會務運作不順，吳新榮在百般無奈之下，只好解散了青風會。吳新榮還曾寫下〈弔青風〉一詩，作為紀念：「啊！你短促的存在／是我們永久的宿緣／你悲壯的死／讓我們重新發誓」。不過後來青風再度吹起，1935年吳新榮等人又組成了臺灣文藝聯盟佳里支部，鹽分地帶的文藝青年們集結整裝，重新出發。

23.16039, 120.17652

1941 年 9 月 7 日，《臺灣文學》同仁前往臺南佳里拜訪吳新榮，眾人在小雅園合影
（國立臺灣文學館典藏）

地址｜臺南市佳里區新生路 272 號（今新生醫院）

交通方式｜至善化轉運站轉搭客運至佳里站，再步行至新生醫院。

地點簡介與現況｜吳新榮故居有兩處，一處是將軍區的「延陵古厝」，是吳新榮祖父興建的舊宅，目前廳堂及大門都保存良好，仍為私人住宅。另一處是吳新榮叔父成立的「佳里醫院」，吳新榮在後方的小雅園成立了佳里青風會。後來增建琅山房（1942-1976）。佳里醫院於 1960 年改為「新生聯合醫院」，1994 年改為「新生醫院」至今。新生醫院後方之小雅園遺址，已被臺南市政府定為名人故居。

文學

臺南州廳

在殖民帝國的陰影下

王開運與臺南州廳

　　王開運站在臺南州廳前面的大正公園，「石像」底下沈思。石像是第四任臺灣總督兒玉源太郎的雕像，當年臺南市區改正時，日本政府將府城仕紳林朝英的宅院「一峰亭」拆除，蓋了這座大正公園，與豪華的臺南州廳相望，並自末廣町拉出一條大道，由州廳直接延伸到剛修築好的安平運河，展示了日本帝國統治的「宏偉」意象。

　　王開運之所以在州廳前踱步，是他在 1927 年接了新成立的臺南商工業協會的會長，經常扮演民間與官廳之前的溝通橋樑，例如 1928 年的「安平修築新港請願運動」；以及臺南即將在 1930 年舉辦的「臺灣文化三百年紀念會」的盛大活動，他都積極奔走，促成官民之間的協商與合作。不過臺南州廳就在 1928 年 5 月初，突然發佈公告，要利用大南門外的墓園來興建大運動場、舉行州運動會，以慶祝昭和天皇的登基大典。要求市民在一個月內將墳墓遷葬。這一道命令下來，臺南所有地方人士都非常憤怒，於是溝通的重擔就落到了王開運身上。

　　他以商工業協會會長的身份，前往州廳跟官員們協商。不過雖然王開運婉轉表達了市民憤怒的立場，官方還是堅持既定政策，協調宣告失敗。與此同時，臺灣民眾黨與新文協發起抗爭行動，發起「政談大講演會」及「市民大會」，運動越演越烈，最終迫使臺南州廳暫緩了大運動場的計畫。但在抗爭中，憤怒的群眾前往包圍親官方協議員劉揚名，這一場行動導致新文協成員洪石柱、侯北海及莊孟侯等多人被捕，多人遭到政府迫害及入獄。

日治時期的臺南州廳（臺南市政府提供）

地址｜臺南市中正路 1 號（今國立臺灣文學館）

交通方式｜由臺南火車站，可直接步行至臺灣文學館。

地點簡介與現況｜臺南州廳建於 1916 年，由建築師森山松之助所設計，
戰爭時曾遭美軍空襲而半毀。戰後一度為空戰供應司
令部使用，1969 年改為臺南市政府，1997 年市府遷出，
改為國立文化資產保存研究中心籌備處，並進行翻修。
2002 年整修完畢，現為國立臺灣文學館。

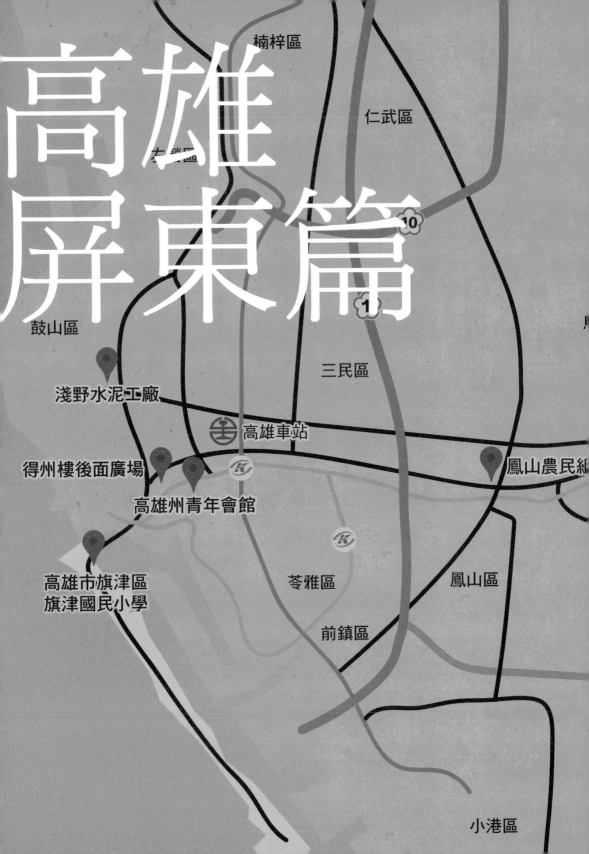

高雄
屏東篇

楠梓區

仁武區

鼓山區

淺野水泥工廠

高雄車站

得州樓後面廣場

高雄州青年會館

鳳山農民組

高雄市旗津區
旗津國民小學

三民區

苓雅區

鳳山區

前鎮區

小港區

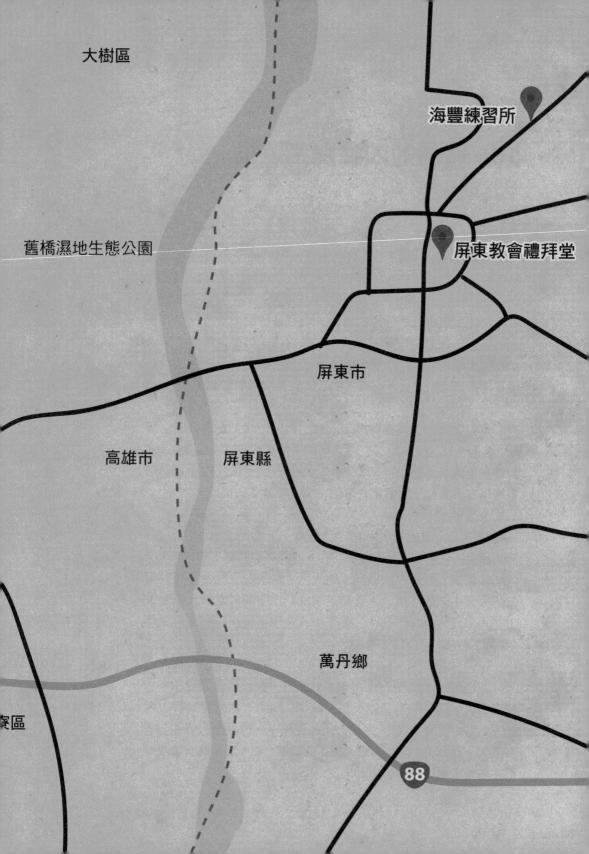

淺野水泥工廠

100 年前的凶猛罷工運動

進擊的食飯隊吃垮你家

現在放棄罷工，「食飯隊」就要去你家吃東西了喔！

1928 年 4 月 14 日，位於高雄鼓山山腳的高雄淺野水泥會社工廠，有七百多名工人發動罷工，抗議會社的不當解雇。事件的遠因，是去年 10 月工廠內發生工安意外，工人吳禮被崩落砂石壓死，但會社只願意出吳禮一個月薪資的補償費，引發工人們憤怒。後來工人吳石定因為私人理由而被會社開除，工人集體聲援他，結果會社直接裁掉了抗議的 41 名工人，這事件點燃了全廠工人的怒火，七百多名工人於是決議集體罷工。

事發之後，「高雄機械工友會」與「臺灣工友總聯盟」聯繫，蔣渭水及民眾黨幹部立即到高雄協助罷工事宜，並成立「淺野洋灰罷業員工總指揮部」，由黃賜與盧丙丁擔任指揮，並在各地舉辦演講會、向各工會募款，支援淺野工人罷工。

罷工工人還組織了一個「食飯隊」。當時約有 50 名左右工人承受不住壓力，悄悄回去工作，但因為他們罷工前有簽約，說如果復工者要幫忙照顧罷工的人，「食飯隊」就會集體到復工的人家中吃飯，幾十人直接走進他們家中開鍋吃飯，吃到復工工人米缸一乾二淨為止。復工工人發現這樣不是辦法，於是只好又回去罷工了。

這場罷工勞資雙方僵持到 5 月 6 日，會社擴大開除 178 名罷工工人，隔日警方又以「暴力威脅」為由，藉故逮捕數十名工人，其中黃賜等 37 人還被警方拖延程序，被強制拘留了七個月之久。直到 1928 年 8 月，法院才判決下來，工人幾乎無罪，這才結束了漫長的罷工運動。

1928 年淺野水泥會社員工罷工期間文化劇團慰勞合照（莊明正提供）

 地址｜高雄市鼓山區鼓山三路（今柴山滯洪池公園）
交通方式｜自美術館車站出站，步行至「柴山滯洪池公園」。
地點簡介與現況｜日本「淺野水泥株式會社高雄工場」是臺灣第一座現代
　　　　　　　　大型水泥工廠，於 1917 年開始營業。戰後由臺灣水泥
　　　　　　　　公司接收，成為「臺泥鼓山廠」，直到 1994 年停業後，
　　　　　　　　廠房陸續拆除。目前僅存水泥槽，紅磚倉庫及石灰窯，
　　　　　　　　於 2019 年部分被登錄為歷史建築。目前被劃入「柴山
　　　　　　　　滯洪池公園」範圍內。

得州樓後面廣場

現代婦女的精神覺醒

高雄婦女共勵會

在不久以前，鹽埕這裡還是一片廣闊的鹽田，是只有兩三百人的小村莊。日本人來了之後，開始構築高雄港，並將清出來的泥沙填平沼澤地，於是新闢了鹽埕町及堀江町等區域，鹽埕就從海邊的小村莊，不到幾十年間，轉變成繁華的街區。

就在 1927 年 10 月 16 日的正午時分，熱鬧的鹽埕街上就聽到市民議論紛紛。聽說今天晚上在得州樓後方廣場要放電影，是由高雄機械工友會與活動寫真隊合辦的活動。到了傍晚時分，已經可以看到上百名吃完晚餐的民眾，在附近閒聊等待，結果七點多電影放映的時候，竟然來了上千名民眾，把附近小巷擠得水洩不通。

在佈置放映場地的工作人員中，有一群年輕的女性在現場擔任志工，非常受人矚目。原來她們是最近剛成立的婦女團體，叫「高雄婦女共勵會」，成立宗旨是「互圖親睦、交換智識，研究社會婦女問題」。共勵會召集人是年僅 20 歲的楊金寶，她畢業於臺南的長榮女中，曾經讀過日本的大學，回臺灣之後，在她哥哥楊金虎的仁和醫院擔任助產士，非常積極參與地方的公眾事務，成為地方佳話。

楊金寶在戰後當過省議員，積極關心臺灣民間的「童養媳」問題，以及各項女性權益的改善，並繼續組織婦女團體「高雄婦女會」。楊金寶同時也是虔誠的基督教徒，她跟丈夫林啟三、還有臺灣第一位女牧師李幫助成立了前金教會，以及「道生神學院」。

高雄
寫真隊・黃江海陳沙莊王德發

共勵會的好意

九月二十日文化活動

世界要聞

△世界人口會議

△國際無線電會議

△國際間擬締公約

△國際文學家協會

1927 年 9 月 20 日文化活動寫真隊在鹽埕埔得州樓後面空地舉辦活動（引自《臺灣民報》第 178 號）

地址｜高雄市鹽埕區七賢三路 150-1 號

交通方式｜自高雄火車站轉捷運到鹽埕埔站，下車後步行抵達。

地點簡介與現況｜鹽埕區原本叫「鹽埕埔」，過去居民以曬鹽為業。隨著高雄港的興築，於 1912 年設立「鹽埕町」，成為當時高雄最繁鬧的街市。得州樓過去是知名的酒樓，但後來拆除改建，現址為一般商家。

高雄州青年會館

臺灣第一女鋼琴教授

高慈美在高雄青年會館的巡演

1931 年，高雄市民們在寬闊的愛河邊瞭望，看著對岸一棟帝冠式造型龐大建築物，據說是新的高雄州廳。州政府還特地在建物上綴飾燈泡，夜晚一到，從愛河邊看去，通明燈火倒映在河面，十分燦爛輝煌。州政府還舉辦了非常盛大的「高雄港勢展覽會」，慶祝州廳的落成。

在宏偉的州廳旁邊，還有一棟同時間完工的廳舍，形狀典雅方正，是未來的高雄州青年會館，提供高雄青年團使用。這棟會館高兩層樓，裡面有大禮堂、食堂、宿舍以及圖書室等空間。其中大禮堂可容納千人左右，也提供給市民舉辦活動之用。戰後改為青年戲院，後來改稱高雄戲院。

1934 年楊肇嘉率領在日本留學的臺灣青年音樂家，組成「鄉土訪問音樂團」進行巡迴演奏會，高雄的場次就是在新落成的青年會館舉行。在演奏會上，氣質出眾的鋼琴家高慈美非常受到矚目，她年方 20 歲，父親是高雄名醫及基督教會長老高再祝，目前正在東洋音樂專門學校留學。音樂會上，高慈美彈奏了蕭邦的蕭邦的〈幻想即興曲〉，並以李斯特的〈音樂會練習曲〉作為壓軸，使現場民眾聽得如癡如醉。

1935 年 4 月 21 日，臺灣發生中部的大地震，高慈美再度受到邀請，「賑災音樂訪問團」，協助賑災募款。當年訪問團共巡迴 31 場，高慈美也義不容辭，全程參加。戰後，高慈美到臺灣省立師範學院（今臺師大）任教，成為臺灣第一名女性的鋼琴教授。

22.62604, 120.29081

1931 年的高雄州青年會館（國立臺灣大學圖書館提供）

地址｜高雄市前金區大同二路 131 號
交通方式｜從高雄車站轉搭捷運至市議會站，出站後步行抵達。
地點簡介與現況｜高雄州青年會館建於 1931 年，提供高雄州青年團使用。
戰後改為青年戲院，1957 年改為高雄戲院。1985 年停
業，1987 年與高雄州廳共同拆除，現址為高雄地方法
院。

旗津國小

模範母親土匪婆

葉陶與旗津國小

　　你就是楊桑吧，久仰大名。是否可以幫我在這個扇子上提字？

　　在人群中，葉陶認出了一名乾乾瘦瘦，斯文中帶著憂鬱氣息的男子，他就是有名的農民運動家楊貴（楊逵）。楊貴也認出了葉陶，聽別人說過她的事蹟，是十分豪邁且勇敢的女性。他就在扇子上寫下了「土匪婆」三個字（日本政府將這些社運人士看成是土匪）。葉陶看到扇子的字，立刻爽朗地笑了起來。

　　葉陶出生於高雄旗后町（旗津），家庭經濟狀況不錯，因此從小就接受了很好的教育。她畢業於打狗公學校（今旗津國小），並到臺南的女子教員養成所進修，畢業後先回母校教書，再到高雄第三公學校（今三民國小）服務。在那裡她遇到了同事簡吉，簡吉告訴她許多有關農民被剝削的慘況，

於是葉陶毅然決然辭去教職，跟著簡吉一起參加農民運動，後來擔任臺灣農民組合的擔任婦女部部長。

　　認識了楊逵之後，兩人志趣相投，很快就戀愛且論及婚嫁，沒想到在結婚的前一天，兩人還一起被抓到警局拘留。他們就戲稱那是「官費的蜜月旅行」。夫妻倆就這樣不畏艱難、同甘共苦，攜手為弱勢發聲——葉陶一生中，還曾經坐過 11 次的牢。

　　二二八事件後，楊逵因為一篇〈和平宣言〉遭判刑十年。這段期間，葉陶辛苦地照顧家庭，含辛茹苦養育所有孩子平安長大，也曾獲得了「模範母親」的表揚。1961 年，楊逵出獄後，夫妻倆在臺中經營「東海花園」，日子過得非常清苦。1970 年，勇敢的「土匪婆」及偉大的母親葉陶病逝，享年65 歲。

高雄第一公學校（即現今旗津國小）創校三十週年紀念照片，照片中為位在旗後的舊校舍，創校時暫借臨水宮夫人廟作為校舍（高雄市立歷史博物館提供）。

葉陶獨照（國立臺灣文學館典藏）

22.6085, 120.27191

地址｜高雄市旗津區中洲三路 623 號

交通方式｜從高雄車站轉搭捷運到西子灣站，到鼓山碼頭乘坐渡輪到旗津，再步行或騎腳踏車到旗津國小。

地點簡介與現況｜旗津國小是高雄歷史最悠久的新式初等學校。1897 年日本人設立了國語傳習所，隔年改制為打狗公學校，後來改稱高雄第一公學校，再改為平和公學校。戰後改為旗津國小至今。目前校園內一棟建於 1935 年的圓拱型門廊教室，已指定為市定古蹟。

鳳山農民組合

為臺灣農民爭一口氣

簡吉與鳳山農民組合

吃過晚飯之後，村民們聚在院子乘涼聊天。這時候簡吉的家中傳來小提琴的樂聲，住在他對面的小女孩走過去聆聽。「簡桑，你不是剛從屏東回來，累得要死嗎？為什麼還要拉小提琴呢？」簡吉笑著回答說：「我不拉小提琴，才真的會死呢！」

這位拉小提琴的青年叫做簡吉，他是鳳山一帶農民運動的領導人物。當時他才 22 歲，原本是高雄第三公學校的老師，因為有感於農民的孩子生活過得實在太貧苦，認為自己這樣教書，只是「給料泥棒」（薪水小偷），於是毅然辭去教師的工作，幫助農民爭取權益。

當時高雄陳中和家族經營的新興製糖會社為了擴大甘蔗園的面積，突然毀約收回數十名佃農的土地。此時簡吉站出來協助農民抵抗製糖會社，保住佃農的租約，獲得了鳳山地區農民們的信任。後來簡吉在 1925 年 11 月 25 日組織了「鳳山農民組合」，隔年 6 月 28 日又與臺灣各地的農民組合串聯，組成了全島性的「臺灣農民組合」。到了 1927 年，農組已經變成了臺灣最大的農民運動團體，當時農民會員有兩萬多人，共有一千多個支部。

可惜的是，到了 1929 年，日本政府開始大力鎮壓左翼運動，簡吉以及農組成員都遭到逮捕，簡吉因此事入監服刑一年。出獄後，簡吉與臺灣共產黨密謀武裝革命行動，結果再度遭到逮捕，這次判刑十年之久，戰友趙港則病死於獄中。戰後，簡吉加入共產黨的地下組織，但 1950 年遭到國民黨逮捕，1951 年於臺北馬場町槍決。

1927 年 4 月 20 日，簡吉（左）與李應章（右）在二林農村演講被檢束紀念攝影（大眾教育基金會提供）

鳳山農民組合 講演隊的活動

之耳、途使偵探出來狂奔、百方阻止、各有志青年、因事之蹉跌、惹動警察無理之干涉、不能集多數在驛頭迎送、為代表桃園之有志者、在驛頭迎送、至於已舉呂新進君外數名、為代表桃園之有志、因、其態度實屬不可解、而迎送多數小團旗、亦不許諸代表攜帶、諸顧委員、各地為有、不是桃園地方創舉、對諸委員表敬意、有何不可、若論其不辭涉苦奮鬥、應該要大々之迎送、方合道理、亦是極平凡之事、而警察偏覩作危險、其非糧神經病者、斷不至此、可憐々々。

鳳山農民組合自去年十一月成立以來、頗受村落的組合員要求、農村的講演、然因設備事務所及其他種々的事故、到了新年正月三日始得出動、講演的經過、雖在嚴寒的冬天、尚有顧得揮渦咱的熱血、茲略記於左。

三日、考源、在張文詩氏的宅庭裡、七点半開會、黃石順氏講「土地和農民」、詳論土地是養國

民的、農民是國家的功勞者、及現在我農民的窮狀等々、次則簡吉氏講「咱的兄弟怎樣自覺」、陳振賢氏講「不得已舉呂新進君外數名、為代表桃園之有志、因、及各國無產者的自覺運動的、及臺灣的資本家的橫暴、及咱要有相當的覺悟等等、此地僅一保的小庄、是夜的聽衆亦喜外張滄海氏、黃石順氏、簡吉氏講與前日同題、到了十一餘鐘始散會。

四日、仁武、在當庄的廟內、八点鐘開會、張滄海氏講「勞農與團結」詳說勞働即神聖、團結是無產者唯一的威力、黃石順氏講「咱的地位」詳述今日的勞働者的地位、並努力地位向上的路、簡吉氏講與考源問題、聽衆五百七十三號記載的小港庄農民的慘狀、致使婦人來聽者亦甚多、到了八点鐘、要開會的時已經廟內散會。

五日、田草埔、於何寶成氏的屋裡、講演者和講題與仁武同、七日、亡老舖、於當庄的廟內、黃石順氏、順序講與前次、致聽衆甚熱感激、到十点半散會。

八日、羅子內、於當地青年會館內、到了八点鐘、陳振賢氏逃開會辭後、張滄海氏、黃石順氏、簡吉氏逃前日同題、因為當地有蕃薯會社在此、土地大部分波佔、致使聽衆甚熱感激、到十点半散會。

拾日、大人宮、於當地廟內、當地因土地最早又最多被會社利用、無仁道的手段佔去（參照本報第七十三號記載的小港庄農民的慘狀）致使婦人來聽者亦甚多、到了八点鐘、梁水龍氏逃開會、張滄海氏、陳振賢氏、黃石順氏、順序講與前日同題、聽衆甚然緊張、至十時半散會。

十三日、大林蒲、在當地的廟內自八点起、襲文滔氏逃開會辭、大喊會社買土地的手段的屬欺瞞非人道的点、次張滄海氏、陳振賢氏、黃石順氏講與前日同題、吳敦氏講「資本家的毒乎可驚」詳說同胞不可繼續作走狗、須快醒起來團結不可買土地生存權的点等、最後鄭才氏逃開會辭中說道與詳說來團結要求生存權的点、須要十分注意的点、聽衆三百餘均甚感動、到了十

八点鐘開會、因為當地大設大殼大波佔、致使聽衆甚然感激、到了十点鐘散會。

仁武、在當庄的廟內、八点鐘開會、張滄海氏講「勞農與團結」詳說勞働即神聖、團結是無產者唯一的威力、黃石順氏、並努力地位向上的路、簡吉氏講與考源問題、聽衆五百

近百名、內中有私服警官、有資本家的走狗、講演中來聽者、情亦是夜的聽衆亦有、此地僅一保的小庄、是夜的聽衆亦喜、講與前日同題、到了十点散會。

八点、簡吉氏逃開會辭、陳振賢氏講「今日的咱農村無光」詳說今日的農村的疲勞及其救濟的方法、農民的實生活要怎樣改善、以故無先屈出不容講演、當地後援者隨時設備屋內、無奈到了要開會之際、有一個特務跳出來、大聲叱黃石順氏說、怎樣在屋外講演？然專實那椅子是為他的特務、惡筆記置在此、致生了衝突、到了八点鐘、由

說：關於皇室的尊嚴須要注意、治警十七條你們知道嗎？」到了十一日、大坪頂、於梁剪氏的屋內、當地的警官自未開會前就吉氏講「不得已舉呂新進君外數名、今日的農民和勞働者、受苦的原因、及各國無產者的自覺運動的、及臺灣的資本家的橫暴、及咱要有相當的覺悟等等、此地僅一保的走狗、是夜的聽衆亦有、講演中來聽者、情亦是夜、始散會。

（6）
鳳山農民組合講演隊活動剪報

22.62545, 120.35814

（地圖標示：曹公路、鳳山鳳邑城隍廟、光遠路、中山路、鳳山農民組合、中正路、鳳山雙慈殿、鳳山天公廟、三民路）

地址｜高雄市鳳山區縣口里（鳳山街縣口 350 番地）
交通方式｜可搭乘鳳山車站或由捷運鳳山站抵達。
地點簡介與現況｜最早清朝在高雄、屏東設立鳳山縣，原本縣邑在左營，1788 年於現地建立新城，是清代高屏地區最熱鬧的地區。後來日本時代成為高雄州的鳳山郡，戰後改為鳳山市，今日為鳳山區。簡吉成立農組的地點位於本區的縣口里，周邊有鳳山雙慈殿、鳳儀書院等景點。

屏東教會禮拜堂

臺灣首度全臺巡迴音樂會
震災義捐音樂會在屏東教會禮拜堂的首演

　　清晨六點，豐原街上的市場已經出現人潮，小販的吆喝叫賣此起彼落。突然間一陣地動天搖，市場突然倒塌，許多民眾來不及呼救，就已經被壓在瓦礫堆下。

　　1935 年 4 月 21 日發生的新竹臺中大地震，是臺灣有紀錄以來最嚴重的大地震，造成 3,279 人喪生、17,835 棟房屋全倒，災區哀鴻遍野。蔡培火看到災情非常痛心，再度邀請去年返臺巡迴演奏的青年音樂家們，舉辦「震災義捐音樂會」。共襄盛舉的有江文也、陳信貞、林秋錦、高慈美、柯明珠、李金土及林進生等人，幾乎網羅了臺灣新生代優秀的古典音樂家。這次的賑災音樂會一共 37 場，為時 50 多天，從 7 月 3 日屏東長老教會禮拜堂首演，到 8 月 21 日為止，在宜蘭、蘇澳、玉里、臺東、埔里及南投等地都有場次，是真正全臺走透透的環島演奏會，可說是空前創舉。

「四月天，花紅稻葉青；大地鳴動，傾刻厝倒平，可憐阿！身屍塞塞盈，塞塞盈。」

　　蔡培火自己還寫了這首〈震災慰問歌〉，每次演奏時都會獨唱，請他在東京學小提琴的大女兒蔡淑慧幫他伴奏。觀眾的反響非常好，全臺熱烈響應，最後總計收到兩、三千圓的捐款，也啟迪了臺灣民眾對於西洋古典音樂的認識。

屏東教會現貌（台灣基督長老教會屏東教會提供）

地址｜屏東縣屏東市仁愛路 56 號

交通方式｜由屏東車站出站，步行或轉乘公車皆可抵達。

地點簡介與現況｜屏東市區（舊名阿猴）最早的長老教會建立於 1872 年，
在慈鳳宮附近。後來在 1921 年在吳希榮牧師的奉獻下，
遷到楠仔樹腳（今日仁愛路一帶），新的歌德式禮拜堂
完工，至今已有百年歷史。

海豐練習所

屏東第一個私人管弦樂團

有忠管絃樂團

在屏東市北邊的海豐聚落，有一座偌大的三進四合院，是當地豪門——鄭氏家族的古厝。從大門走進去之後，可以看到一棟華麗的洋房，裡面流洩出優美的小提琴的樂音，原來是鄭家少爺正在與友人一同練琴。

鄭家少爺叫做鄭有忠，他從小就深深著迷於西洋音樂，也結交了一群屏東地區的音樂愛好者，於是十八歲的時候（1924年）就成立了「海豐吹奏樂團」，也因為他家境很富裕，所以直接就在佳里蓋了一間洋樓當團練室。1930年代他二度到日本進修，主修小提琴，1935年成立「有忠管弦樂團」，是臺灣古典樂團的開山始祖，持續到經營了1980年。

鄭有忠曾經在30年代，與臺灣第一代的流行歌手林氏好合作，到臺灣各地巡迴表演，1935年新竹臺中大地震的時候，鄭有忠也帶著樂團巡迴賑災公演。戰後，鄭有忠看見警備總司令部交響樂團（今「國立臺灣交響樂團」前身）在招募團員，立刻帶著屏東樂友們一起上臺北打拼，但因為當時樂團資源不足，鄭有忠等人過得很辛苦，於是他又返回屏東，繼續經營樂團，並成立「有忠音樂研究班」，耕耘音樂教育，許多臺灣知名音樂家，都是鄭有忠指導過的學生。1980年，有忠管弦樂團進行最後一次公演，兩年後，鄭有忠病逝於高雄的醫院。

林氏好與有忠管絃樂團在海豐練習所合影（國立臺灣文學館典藏）

 地址｜屏東縣屏東市三山里（靠近海豐三山國王廟）

交通方式｜由屏東火車站轉搭客運至海豐。抵達三山國王廟時，詢問在地
居民「鄭家古厝」應可找到。

地點簡介與現況｜位於屏東市三山里的鄭家古厝，原為自廣東海豐來臺開
墾的鄭氏家族之祖厝，清朝鄭元奎曾為貢生，其家族並
創辦了鄭和記商號，在地方上影響力極大。鄭有忠為海
豐鄭家的後代，其樂團練習的洋樓，今日雖還存在，但
已經閒置荒廢。其古厝也為私人住宅，目前不開放參
觀。

宜花東篇

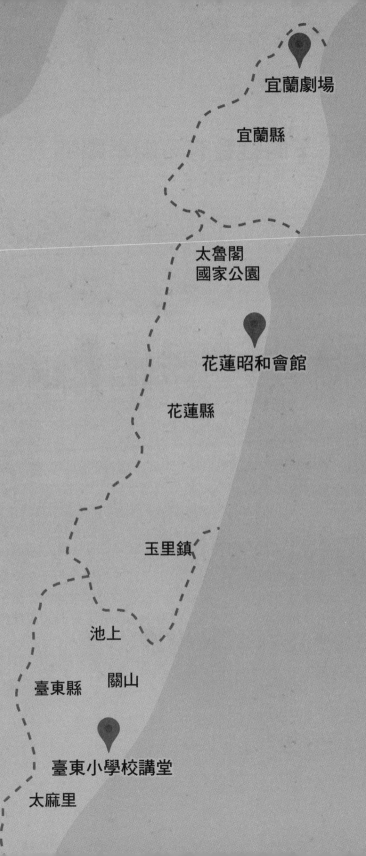

宜蘭劇場

宜蘭縣

太魯閣
國家公園

花蓮昭和會館

花蓮縣

玉里鎮

池上

臺東縣　關山

臺東小學校講堂

太麻里

宜蘭劇場

殖民帝國統治下的社會有可能幸福嗎？
矢內原忠雄在宜蘭座的演講

1927 年春天，往宜蘭的某班火車上，有一位戴著圓眼鏡、蓄著小鬍子，面孔斯文的日本男性，眺望著窗外綠油油的稻田，不禁陷入沉思。他突然想起了數年前臺灣文化協會的蔡培火、林呈祿曾來到東京來拜訪自己，在狹窄會客室的榻榻米上，兩人痛陳總督府對於臺灣人民的種種剝削政策。憶及往事，日本青年便把注意力從窗外的美麗田園風光收回，慢慢打開放在膝上的筆記本，上頭密密麻麻寫滿了考察記錄，多數是關於臺灣蔗農稻農的生活現狀、以及製糖會社在臺灣營運的種種數據。

這位青年便是在東京帝國大學開設「殖民政策」課程，鼎鼎大名的經濟學家矢內原忠雄。他預計於 4 月 15 日，前往宜蘭劇場（此地後來建起了宜蘭第一家劇院兼電影院「宜蘭座」）進行題目為「幸福之社會」的演講。而過去兩個月，則是他的私人實地調查行程，從臺灣頭跑到臺灣尾，矢內原忠雄一一參觀了工廠、農場、學校、原住民社區等各式各樣所在。

兩年後，矢內原忠雄寫出啟發無數學者的傳世名作《帝國主義下的臺灣》。後來他也因為大力批判日本的殖民主義、軍國主義動向，而被警察盯上。最終因為在一次激昂演說中說出：「為了日本的國家理想能夠存續，就請先把這個國家埋葬了再說！」，被迫離開了東京帝國大學教授的職位。即便如此，就在他的宜蘭演講不久以後，臺灣民眾黨宜蘭支部、蘭陽農業組合，也在宜蘭劇場宣告正式成立。想必矢內原忠雄這一趟臺灣之旅，在一定程度上也激勵了臺灣人民抵抗殖民壓迫的堅定決心吧。

24.75593, 121.75522

1933 年宜蘭座舊照（國立臺灣大學圖書館提供）

地址｜宜蘭市康樂路 65 號
交通方式｜由宜蘭火車站轉搭客運至國立陽明大學附設新民院區，步行後
抵達。
地點簡介與現況｜1933 年，宜蘭街仕紳集資八萬日圓，興建了宜蘭第一
家戲院「宜蘭座」。宜蘭座為二層樓建築，有弧形山
牆、彩色玻璃裝飾，反映了日治晚期蓬勃的大眾娛樂
需求。落成後以歌仔戲、新劇的演出為主，也放映電
影。戰後更名為「宜蘭戲院」，但因經營狀況不佳而
停業。目前整體建築仍在，但因缺乏維護而荒廢。

花蓮昭和會館

唱到山脈的另一邊

震災慈善音樂會在花蓮昭和會館的巡演

　　1935 年 4 月 21 日的一個普通清晨，新竹到臺中一代，突然間天搖地動，發生了臺灣有史以來最可怕的超級地震。這次地震規模高達芮氏 7.1，因為發生時間在清晨，不少人當時猶在睡夢中、或者剛剛起床做飯，因此直接被瞬間倒塌的房舍牆垣所掩埋，傷亡可謂極度慘重。據統計，地震中全臺共有三千多人死亡、一萬多人受傷、近兩萬戶房屋全倒、二十萬人無家可歸。

　　災難發生後，文化協會成員楊逵沿線勘災，還寫下了《臺灣地震災區勘察慰問記》，記錄總督府救災不力的種種失誤，也見證了大劫之後全臺民眾互通有無、互相幫助的高貴人性。

　　在「墩仔腳大地震」發生後，臺灣民間紛紛組織各種救災活動。當時有屏東海豐望族子弟鄭有忠，在公學校唸書時便熱愛西洋音樂，也數次赴日深造，在屏東地區組織「有忠管弦樂團」活動多年，全臺均有高知名度。於是有忠管弦樂團找來當時知名的流行歌手林氏好，發起慈善義演，進行全島巡迴賑災音樂會。同年 6 月 5 日，賑災慈善音樂會在花蓮舉行，當時便是在昭和紀念館進行演出，為了廣大受災者募款祈福。

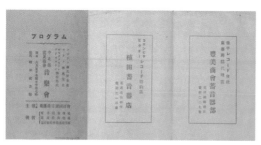

中北部震災慈善音樂會傳單
（國立臺灣文學館典藏）

林氏好與有忠管絃樂團在花蓮市演唱會合影（國立臺灣文學館典藏）

 地址｜花蓮縣花蓮市花崗街 56 號（今花蓮國軍英雄會館）

交通方式｜由花蓮火車站搭乘客運至花蓮醫院，再走路即可抵達。

地點簡介與現況｜日治時期，由於日本人對東部天然資源的大量開採，花
蓮地區逐漸開始繁榮。1928 年，阿美族人集資出力，
在花蓮港旁建成「阿美族會館」，陳列本族器用文物，
兼做族人投宿、休憩地點。數年後，原建物改為「昭和
紀念館」，用以紀念 1923 年昭和天皇仍為太子時，來
臺灣的尋訪視察行程，也就是當年所謂的「臺灣行啟」
（但其實該次旅行中昭和天皇並未抵達花蓮）。戰後，
昭和紀念館原建築改為民防指揮部、消防隊，建築本體
也遭到拆除，今日已經改建為「國軍英雄館」。

臺東小學校講堂

吟斷腸詩，唱離別曲

林氏好在臺東小學校講堂的震災巡演

「今日離別／不知著時／能得閣再相見／我真無愛汝咱分離／那鴛鴦來分枝／只驚是驚今仔日／頭毛烏烏相見／此後去的／閣再相會／敢會白髮的時」。

　　1935 年 6 月 3 日晚間，知名歌手林氏好帶著哀戚神情，在臺東公學校講堂裡，婉轉唱出了這一曲〈離別詩〉。一個多月前，臺灣發生有史以來傷亡最為嚴重的天災「墩仔腳大地震」，今晚是全臺巡迴的賑災演場會臺東場次，臺下聽眾想起死難親友，都不禁紅了眼眶。

　　在日治時代的流行樂壇，相較於其他出身傳統歌仔戲班的歌手，林氏好可說相當特立獨行。她每每短髮洋服，再加上西洋聲樂唱腔，舞臺形象是十足的現代儷人。另外，她還熱心婦女解放與社會運動，曾經參加臺南女青年會、南部女詩人所組成之香英吟社，更在《臺灣新民報》舉辦的紙上選舉中，當選臺南市議員。

　　你知道林氏好的先生嗎？就是當年筆錄蔣渭水先生遺囑的盧丙丁喔。可是聽人家說，前兩年日本警察因為盧丙丁染上漢生病，就這樣把他關進療養院……

　　有位觀眾對身邊朋友如此輕聲耳語，表情不勝唏噓。也許，林氏好特意選擇演唱這首由盧丙丁填詞的〈離別詩〉，就是要獻給情深緣淺的夫婿，也獻給因無情天災而生死永隔的臺灣同胞！

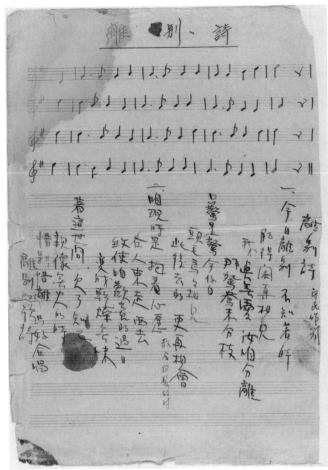

由盧丙丁填詞，林氏好演唱的〈離別詩〉（國立臺灣文學館典藏）

盧丙丁贈莊松林書籤
（莊明正提供）

 地址｜臺東市正氣路 3 1 6 號　　（今臺東桂田喜來登酒店）

交通方式｜由臺東火車站搭乘客運至聖母醫院，再走路即可抵達。

地點簡介與現況｜臺東公學校設置於 1905 年，前身是臺東國語傳習所，
是臺東廳轄下最早的初等教育機構。在 1930 年代，該
校學生大約有六百名，多為漢人子弟，也是臺東廳內人
數最多之學校。公學校現為國立臺東大學附設實驗國民
小學，其講堂遺址已不存在，講堂所在地今日改建為桂
田喜來登酒店。

空間往事是最具體的記憶庫存地

文／蘇碩斌　（國立臺灣文學館館長）

2021 年的我們在此紀念臺灣文化協會一百年，是為了感謝這塊土地最初的啟蒙。

啟蒙，是文協最要緊的關鍵詞，意謂著知識分子期盼「大眾」攜手接納文明、一同擺脫蒙昧、共創美好臺灣。他們從 1921 年 10 月 17 日文協成立大會的現場離去，臺灣於是出現追求大眾的啟蒙空間、追愛往事，於今蒐集在這本《文協一百點》。

1921 年化協會成立在靜修女子學校所在的大稻埕，是全島臺灣人很特殊的一次串聯。不同脈絡的文化人，各以自己的手法展開啟蒙工作。臺灣民報、讀報社、通俗講習會、文化演講會、夏季學校、文化劇、美臺團電影隊……，各種行動在臺灣縱橫發生。遺憾的，文協 1927 年左右分裂，左的連溫卿主導文協走向工農階級路線，右的蔣渭水和蔡培火另創臺灣民眾黨；而到了 1931 年，左右竟又同遭總督府查禁。文協組織，就短短 1921 至 1931 的十年。

臺灣襲自文協的啟蒙，當然不只十年。

1930 年代，散落臺灣四處的文學人、美術人、戲劇人、音樂人，再度聚集承繼啟蒙精神，並且更積極向大眾靠近，也就是 1934 年的「臺灣文藝聯盟」。他們打起臺灣人的思想陣地戰，彷如文化協會的再次整隊──雖然不久戰爭風暴襲來、啟蒙又被迫銷聲匿跡。但是，文化協會和文藝聯盟前後雖只存在約略十五年，臺灣的啟蒙行動並未殲滅。這本書的地景一百點，就可以發現歷史並不靜止，一股訴求所有人解

放自由的「文協精神」，在每一塊大地反覆迴蕩、持續滋養，直至我們今天。

　　察看啟蒙地景的多樣性，是饒有趣味的事情。學校、公會堂、書店、劇場，是大眾啟蒙場地的基本款；廟宇、教會、餐廳、酒家，多了看似不合知識人品味的曖昧，其實是接近大眾的必要之地；醒目的還有暗黑景點，異議人士常被羈押過夜的警察署、掀開農民抗爭黑幕的甘蔗園、經常聚集陳情抗議的官舍州廳，歷史都有誠實的反應。

　　文協一百點地景，意義彷如舊時代寫字的竹簡或羊皮紙，雖然刮除先前的刻痕就能重新落筆，但各層次抹除、增添、破裂、殘餘的痕跡，仍是最具體的記憶庫存地。

　　我們需要歷史，以避免因為無知而重覆走進錯路；但我們也不能受制歷史，忽略手上握有選擇未來的權利與責任。文協百年應該在當代生活世界產生共鳴，這本別具意義的《文協一百點》，獻給 2021 年的走讀人善加運利，期待擁有歷史的不多也不少、坦然面對人生的最好與最壞。

　　一百個景點，彷如評獎一般經過提名、決選的過程。初選由文化部專業館舍合力進行，提名人包括國立臺灣歷史博物館、國立臺灣美術館、國家電影及視聽文化中心、國立傳統藝術中心臺灣音樂館及國立臺灣文學館；最後則由臺文館邀請學者來傷腦筋，感謝戴寶村教授、鄭政誠教授參與最後的決選。選舉既要求一百點，難免會有遺珠，在此慎重致歉。但我們不會忘記，臺灣四面八方都已遍布文協精神的意義。

參考書目

一般書目

文可璽，《臺灣摩登咖啡店》（臺北：前衛出版，2016）。

方秋停，《書店滄桑：中央書局的興衰與風華》（臺中：臺中市政府文化局，2017）。

吳長錕、賴萱珮，《海線散步：清水人文地誌學》（臺中：臺中市政府文化局，2016）。

李宜芳，《尋找‧天外天》（臺北：前衛出版，2017）。

林宗德編，《和美文史輕鬆讀》（彰化：彰化縣文化資產學會，2016）。

林柏維，《臺中市珍貴古老照片專輯 2：文化協會的年代》（臺中：臺中市文化中心，1996）。

林柏維，《狂飆的年代：近代臺灣社會菁英群像》（臺北：秀威資訊，2007）。

林柏維，《臺灣文化協會滄桑》（臺北：台員，1993）。

林莊生，《懷樹又懷人：我的父親莊垂勝、他的朋友及那個時代》（臺北：玉山社，2017）。

施雅軒，《臺灣的行政區變遷》（臺北：遠足文化，2003）。

范情等，《女人屐痕：臺灣女性文化地標》（臺北：女書店，2006）。

張麗俊，《水竹居主人日記》（臺北：中央研究院近代史研究所，2000-2004）。

莊永明，《臺灣紀事（下）：臺灣歷史上的今天》（臺北：時報文化，1989）。

楊翠，《永不放棄：楊逵的抵抗、勞動與寫作》（臺北：蔚藍文化，2016）

陳郁秀編，《百年臺灣音樂圖像巡禮》（臺北：時報文化，1995）。

葉大沛，《鹿港發展史》（彰化：左羊文化，1997）。

葉龍彥，《臺灣的老戲院》（臺北：遠足文化，2006）。

蔣闊宇，《全島總罷工：殖民地臺灣工運史》（臺北：前衛，2020）。

廖振富，《追尋時代：領航者林獻堂》（臺中：臺中市政府文化局，2016）。

賴和，《新編賴和全集》（臺北：前衛出版，2021）。

顏水龍，《臺灣工藝》（臺北：遠流出版，2016）。

魏金絨，《大家來寫村史第 44 輯：二林鎮廣興里風華》（彰化：彰化縣文化局，2018）。

蘇峯楠，《行走的台南史：府城的過往與記憶》（臺北：玉山社，2020）。

蘇全正、郭双富，《劇場演義：演藝娛樂現代化的天外天劇場》（臺北：遠景出版，2017）。

莊永明，《臺灣紀事》（臺北：時報，1989）。

陳翠蓮，《百年追求）‧卷一，自治的夢想》（臺北：衛城，2013）。

莊永明，《臺灣百人傳》（臺北：時報，2000）。

洪芳怡，《曲盤開出一蕊花：戰前臺灣流行音樂》（臺北：遠流，2016）。

陳培豐，《歌唱臺灣：連續殖民下臺語歌曲的變遷》（臺北：衛城，2020）。

黃信彰，《工運歌聲反殖民：盧丙丁與林氏好的年代》（臺北：臺北市文化局，2010）。

遠流台灣世紀回味編輯組，《台灣世紀回味：文化流轉》（臺北：遠流，2011）。

史明，《臺灣人四百年史》（臺北：前衛，2016）。

莊勝全，《臺灣民報生命史：日治時期臺灣媒體的報導、出版與流通》（臺北：政大臺史所博士論文，
　　　　2017）。

蕭永勝，《影心‧直情‧張才》（臺北：雄獅，2001）。

期刊論文

李毓嵐，〈林獻堂生活中的女性〉（《興大歷史學報》第 24 期，2012.6）。

陳文松，〈日治時期臺灣「雙語學歷菁英世代」及其政治實踐：以草屯洪姓一族為例》〉（《臺灣史研究》
　　　　第 18 卷第 4 期，2011.12）。

劉世溫，〈《楊水心女士日記》的內容與解讀〉（《臺灣學研究》第 22 期，2018.4）。

顏娟英，〈自畫像、家族像與文化認同問題——試析日治時期三位畫家〉，（《藝術學研究》 第 7 期，
　　　　2010.11）。

文協一百點：臺灣真有力地景指南

策　　劃／國立臺灣文學館
監　　製／蘇碩斌
撰　　文／江昺崙、林運鴻、張怡寧
執行統籌／王嘉玲、林佩蓉
校　　對／王嘉玲、林佩蓉、黃小蛋

發 行 人／蘇碩斌、林宜澐
執行編輯／廖志墭、林韋聿、潘翰德
編輯協力／林佳誼
美術設計／陳俊言
印　　刷／世和印製企業有限公司

出　　版／國立臺灣文學館
　　　　　地址：700 臺南市中西區中正路 1 號
　　　　　電話：06-2217201
　　　　　網址：https://www.nmtl.gov.tw/

　　　　　蔚藍文化出版股份有限公司
　　　　　地址：110 臺北市信義區基隆路一段 176 號 5 樓之 1
　　　　　電話：02-22431897
　　　　　臉書：https://www.facebook.com/AZUREPUBLISH/
　　　　　讀者服務信箱：azurebks@gmail.com

總經銷／大和書報圖書股份有限公司
　　　　地址：24890 新北市新莊市五工五路 2 號
　　　　電話：02-8990-2588

經銷展售／
　　　　本館藝文商店　　　　　　　　(06-2217201#2960 ｜臺南市中正路 1 號)
　　　　青鳥書店　　　　　　　　　　(02-27556906 ｜臺北市信義路三段 59 號 2 樓)
　　　　政府出版品展售門市
　　　　(各門市地點請至「政府出版品資訊網」查詢)
　　　　國家書店松江門市　　　　　　(02-25180207 ｜臺北市松江路 209 號 1 樓)
　　　　五南文化廣場　　　　　　　　(04-22260330 ｜臺中市北屯區軍福七路 600 號)
　　　　南天書局　　　　　　　　　　(02-23620190 ｜臺北市羅斯福路三段 283 巷 14 弄 14 號)
　　　　唐山出版社　　　　　　　　　(02-23633072 ｜臺北市羅斯福路三段 333 巷 9 號 B1)
　　　　府城舊冊店　　　　　　　　　(06-2763093 ｜臺南市勝利路 115 號 B1)
　　　　臺灣的店　　　　　　　　　　(02-23625799 ｜臺北市新生南路三段 76 巷 6 號 1 樓)
　　　　三民書局股份有限公司　　　　(重南店 02-23617511 ｜臺北市重慶南路一段 61 號)
　　　　　　　　　　　　　　　　　　(復北店 02-25006600 ｜臺北市復興北路 386 號)

　　　　有限責任台灣友善書業供給合作社
　　　　(請至 https://fribooker.wordpress.com/「社員書店」中查詢)

法律顧問／眾律國際法律事務所　著作權律師／范國華律師
電話：02-2759-5585　網站：www.zoomlaw.net

初版一刷／ 2021 年 10 月
定　價／新台幣 360 元整
ISBN ／ 978-986-532-427-8(平裝)
GPN ／ 1011001648

國家圖書館出版品預行編目 (CIP) 資料

文協一百點：臺灣真有力地景指南 / 江昺崙 , 林運鴻 ,
張怡寧撰文 . – 初版 . – 臺南市 : 國立臺灣文學館 ; 臺北
市 : 蔚藍文化出版股份有限公司 , 2021.10
240 面 ; 17x23 公分
ISBN 978-986-532-427-8(平裝)

1. 臺灣遊記

733.6　　　　110017312